中国经济文库

河南省高校哲学社会科学应用研究重大项目：数字经济驱动河南县域高质量发展的路径研究（2023-YYZD-02）；河南财经政法大学华贸金融研究院2021年度科研项目：数字普惠金融助推河南县域经济高质量发展：影响效应及路径选择

数字经济赋能河南省县域高质量发展的逻辑与实现路径

The Logic and Implementation Path of Digital Economy Empowering High Quality Development of Counties in Henan Province

朱丽娟　刘伟铭 等◎著

中国经济出版社
CHINA ECONOMIC PUBLISHING HOUSE
北 京

图书在版编目（CIP）数据

数字经济赋能河南省县域高质量发展的逻辑与实现路径 / 朱丽娟等著. -- 北京 : 中国经济出版社，2025.5. -- ISBN 978-7-5136-8169-8

Ⅰ. F127.61

中国国家版本馆 CIP 数据核字第 2025218FJ5 号

责任编辑　叶亲忠
责任印制　李　伟
封面设计　华子图文

出版发行　中国经济出版社
印 刷 者　北京鑫益晖印刷有限公司
经 销 者　各地新华书店
开　　本　710mm × 1000mm　1/16
印　　张　14
字　　数　200 千字
版　　次　2025 年 5 月第 1 版
印　　次　2025 年 5 月第 1 次
定　　价　88.00 元
广告经营许可证　京西工商广字第 8179 号

中国经济出版社　**网址** http://epc.sinopec.com/epc/　**社址** 北京市东城区安定门外大街 58 号　**邮编** 100011
本版图书如存在印装质量问题，请与本社销售中心联系调换（联系电话：010-57512564）

目　录

CONTENTS

第一章 引言

第一节 问题的提出

一、高质量发展的政策历程

纵观新中国70多年的发展历程，数量追赶一直是过去我国经济工作的主线。新中国成立初期，我国人口数量约占世界的1/5，但GDP总量只有世界总量的4.5%（Angus，2003），存在庞大的“数量缺口”，人口规模与经济规模严重失衡，其中尤为突出的是工业产品和基础设施，因此，这一时期我国展开了一系列以数量为主的工业化进程追赶工作，而未能充分利用20世纪50—70年代的经济发展黄金期，与世界主要经济体相比仍有很大差距。改革开放以来，我党确立“以经济建设”为中心的社会主义基本路线，更加强调“提高社会生产力”的数量发展路线，在这一时期，我国经济实现了跨越式发展，不仅填补了长期以来的数量空缺，还提前实现了经济数次翻番的世界奇迹，成为名副其实的数量大国。但自2008年国际金融危机之后，全球经济进入下行和调整区间，加之我国经济体量变大，我国经济也由过往的高速增长转变为中高速增长，数量追赶的速度一再放缓，在这种情况下，转变经济发展方式、推动经济由高速增长转变为高质量增长成为我国迫切需要实现的目标；同时，当今世界正经历百年未有之大变局，正处于大发展大变革大调整时期，我国也迎来近代以来最好的发展时期，两者同步交织、相互激荡，新的使命任务和发展环境对我国各方面发展提出了更高、更紧迫的要求。在这一历史和时代背景下，符合当下中国发展潮流的高质量发展应运而生。

2017 年，中国共产党第十九次全国代表大会上首次提出了“高质量发展”这一表述，表明我国经济正式由高速增长阶段迈向高质量发展阶段。党的十九大报告中提出的“建立健全绿色低碳循环发展的经济体系”为新时代高质量发展指明了方向，即高质量发展的根本在于经济的活力、创新力和竞争力，绿色发展是我国从速度经济转向高质量发展的重要标志。2018 年，国务院政府工作报告提出，要按照高质量发展的要求，统筹推进“五位一体”总体布局并协调推进“四个全面”战略布局，坚持以供给侧结构性改革为主线，统筹推进稳增长、促改革、调结构、惠民生、防风险各项工作。2020 年 10 月，党的十九届五中全会提出，从我国现阶段发展环境和发展条件来看，“十四五”时期的经济社会发展工作要紧紧围绕着“推动高质量发展”这一主题进行。在 2021 年“两个一百年”奋斗目标历史交汇之际，习近平总书记接连强调高质量发展的重大意义，并且在同年的政府工作报告中指出，我国经济社会发展仍然处于重要战略机遇期，要准确把握新发展阶段、全面贯彻新发展理念、加快构建新发展格局，着力推动高质量发展，为全面建设社会主义现代化国家开好局、起好步。2021 年 7 月，《中共中央、国务院关于新时代推动中部地区高质量发展的意见》提及，要以推动高质量发展为主题，以深化供给侧结构性改革为主线，以改革创新为根本动力，以满足人民日益增长的美好生活需要为根本目的，加快构建“双循环”经济发展格局，推动中部地区加快崛起，在全面建设社会主义现代化国家新征程中做出更卓越的贡献。同年 9 月，国务院批复同意了国家发展改革委、财政部和自然资源部关于《推进资源型地区高质量发展“十四五”实施方案》。2022 年 10 月，党的二十大报告指出，发展是中国共产党执政兴国的第一要务，高质量发展是全面建设社会主义现代化国家的首要任务。次年 3 月，习近平总书记在第十四届全国人大一次会议江苏代表团审议中从必由之路、战略基点、必然要求、最终目的以及坚持和加强党的全面领导、坚定不移全面从严治党5个方面集中系统地阐述了高质量发展的深刻内涵。在2023年末召开的中央经济工作会议中，习近平总书记明确提到要深刻把握“五个必须”，做好新时代经济工作的规律性认识，其中第一个“必须”便是必须把坚持高质量发展作为新时代的硬道理，完整、准确、全面贯彻新发展理念，推动经济实现质的有效提升和量的合理增长。同时，在国家语言资源监测与研究中心、商务印书馆等单位联合主办的“汉语盘点2023”活动中，“高质量发展”当选年度国内词。

显然，近年来“高质量发展”一词在我国的政策文件中出现得越来越频繁，受到越来越多的关注，已经成为我国十分重要且迫切的战略目标，这一方面说明了高质量发展对于我国经济社会发展的重大意义，为我国加快实现社会主义现代化指明了方向；另一方面反映出当前我国高质量发展工作正如火如荼地进行，如何实现高质量发展以及选择什么样的载体成为当下亟待解决的重大课题。

二、县域与高质量发展

在中国的行政规划体系中，有“省、县、乡”三级行政区划，出于实践管理的需要，更进一步地催生出“地”级行政区，进而形成我国当前“省、地、县、乡”四级行政区划的基本格局，其中，“县”便是介于城市和乡村地区之间的区划单位。值得一提的是，这里的“县”仅代表行政区划，而非本书指代的“县域”。“县域”是“县”这一行政单位管辖区域范围内的统称，包括县城区、城区外的建制镇以及其他农村地区，是我国行政管理体制的基础单元，处在承上启下的关键环节，是发展经济、保障民生、维护社会稳定、促进国家长治久安的重要基础。

2017年5月，《国务院办公厅关于县域创新驱动发展的若干意见》印发，指出在创新驱动发展战略的背景下，县域是基础和活力所在，支持县域开展大众创业、万众创新工作是打造我国经济发展新引擎、培育经济发展新动能的重要举措，对于我国全面建成小康社会具有重大意义。2022年

3月，财政部办公厅、商务部办公厅、乡村振兴局综合司联合印发《关于支持实施县域商业建设行动的通知》，大力支持县域商业体系建设和基础设施、公共服务短板补齐。同年5月，中共中央办公厅、国务院办公厅印发《关于推进以县城为重要载体的城镇化建设的意见》，进一步明确了县域发展在我国新型城镇化建设和乡村振兴中的重要地位。同年9月，习近平总书记在关于县域治理的重要论述及实践基础中提到，县域治理是推进国家治理体系和治理能力现代化的重要一环，“郡县治则天下安，县域兴则国家强”。根据《中国县域高质量发展报告2023》，截至2022年底，内地共有县域1866个，占全国国土面积的90%左右，占中国人口和GDP比重分别为52.5%和38.1%，全国仅超万亿的城市经济总量和超千亿的县域经济总量合计便占中国经济总量的50%以上，全部城市经济总量和县域经济总量加起来更是占中国经济总量的90%以上。在2023年的中央一号文件中，围绕加快发展现代乡村服务业、培育壮大县域富民产业、提升基本公共服务能力、推进县域城乡融合发展等方面，“县域”一词总共出现了13次之多。2023年7月，为充分发挥乡村作为消费市场和要素市场的重要作用，满足居民生产生活的需要，商务部等9部门办公厅（室）联合印发《县域商业三年行动计划（2023—2025年）》，再次明确了县域在我国未来经济发展中举足轻重的地位，为县域发展规划了新蓝图。

种种证据表明，县域作为我国行政管理体制的基础单元，承接了我国经济高质量发展、城乡融合发展及乡村振兴等多项任务，正逐渐成为我国经济增长潜力最大的基本盘，是我国当前各方面发展政策关注的重点方向，也是发展经济、保障民生、维护社会稳定和保持国家长治久安的重要基础。县域经济是联系城市经济和农村经济的纽带，是区域经济发展的基石（潘彪等，2024）和中国高质量发展的支撑，是吸纳农业转移人口、承接城市产业转移的重要载体，是构建完整内需体系、畅通国内循环的重难点所在，是促进城乡融合的动力源，在推进经济高质量发展中居于关键环节，具有压舱石作用，县域能否实现高质量发展直接关系到我国整体高质量发展的成效。因此，作为我国未来发展的趋势所在，推动县域高质量发展是贯彻“五个必须”中第一个“必须”的有效途径。县域高质量发展，是指县域经济增长更有效率、生产方式更为集约、人民生活更加富足、生态环境更具韧性的发展，是涵盖经济、社会、生态、民生等多个方面的协调发展，其核心在于经济的活力、产业的竞争力和区域的创新力。推动以县域为载体的高质量发展，对于提振我国经济发展动力，促进地区城乡融合发展以及改善人民生活等诸多方面都具有十分长远且重大的意义。

三、数字经济的快速发展

与此同时，随着物联网、云计算、人工智能、区块链等新一代信息技术的快速涌现以及国际经济发展格局的改变，信息要素在经济发展中的作用愈加不可忽视，我国进入数字经济大发展的时代，数字经济已经成为稳增长促转型的重要引擎。

联合国贸易和发展会议发布的《2021 年数字经济报告》显示，中国和美国参与数字经济的程度与从中受益的能力最强，腾讯和阿里巴巴作为 7 个超级数字平台的其中 2 个，越来越多地参与到全球数据价值链的各个环节中。工业和信息化部、中国信息通信研究院发布的《中国数字经济发展白皮书（2021）》指出，我国数字经济规模已经从 2016 年的 22.6 万亿元增至 2020 年的 39.2 万亿元，年化增长 14.8%，数字经济占 GDP 比重也由 2016 年的 30.3% 升至 2020 年的 38.6%。根据《中国数字经济发展研究报告（2023 年）》，在经济下行压力增大的趋势下，各级政府和各类企业纷纷把发展数字经济作为培育经济增长新动能、抢抓发展新机遇的重要手段，2022 年，我国数字经济规模达 50.2 万亿元，总量稳居世界第二，占 GDP 比重提升至 41.5%，同比增加 4.68 万亿元；数字经济同比名义增长 4.98%，自 2012 年以来，已连续 11 年显著高于 GDP 增速，持续发挥“稳定器”和“加速器”的作用；数字产业化和产业数字化的二八结构比例较为稳定，二者的规模分别达 9.2 万亿元和 41 万亿元，占数字经济总体的比重分别为 18.3% 和 81.7%；数字经济在第一、第二和第三产业的经济渗透率分别为10.5%、24.0%和44.7%，同比分别提升0.4%、1.2%和1.6%；2012年至2022年，10年间我国数字经济的全要素生产率从1.66%上升至1.75%，生产率水平及同比增幅均显著高于国民经济整体生产效率，其中第三产业是关键驱动力量；我国数字经济的关键技术也在不断突破创新，“5G+工业互联网”的主要专利数量占全球40%左右，保持全球领先地位，轻量化5GC等新型产品不断探索，5G TSN等融合部署场景实现“形态”突破，5G uRLLC技术通信延迟可达到端时延4毫秒，实现“性能”突破。

不难看出，数字经济已成为我国经济高质量发展的关键动力。同时，《“十四五”数字经济发展规划》《数字中国建设整体布局规划》等重要文件规划了我国数字经济发展的未来路径，党的二十大报告也明确提出要加快发展数字经济，促进数字经济和实体经济的深度融合，打造具有国际竞争力的数字产业集群。加快推进数字与产业的深度融合，打造数字经济发展的新业态，是我国当前乃至今后经济发展工作的重心，是推动我国经济持续稳中向好的底气所在，是推进中国式现代化、构筑国家竞争新优势、提高我国国际竞争力、占领国际发展制高点的有效途径。

四、矛盾的显现

推动县域高质量发展意义重大，直接关乎全面推进乡村振兴、实现共同富裕等重大战略的有效实施，但近10年来，随着城市群、都市圈等区域发展导向逐渐明晰，城市对县域生产要素的虹吸效应加强，县域经济的发展速度、发展质量明显下降，且强县愈强、弱县愈弱，两极分化十分明显，为国家高质量发展提供的动能持续减弱，这与县域的基石地位及其对我国高质量发展的关键性作用背道而驰。这一矛盾以河南省较为典型，河南省县域众多，县域面积占全省总面积的近90%，县域人口占全省总人口的73%，县域经济对全省经济发展的贡献率超过60%，虽然近年来河南省县域经济得到了快速发展，但与东部发达地区相比，依然存在一定差距。根据中国社会科学院发布的《中国县域经济发展报告（2020）》，全国百强县（市）分布于17省（市），其中江苏、浙江、山东三省百强县（市）数目达57个，而河南省仅占7个，与上年相比减少一个，且全部位于百强县榜单下半部分，全国县域经济投资潜力100强排名中，河南省更是只占3席。作为我国人口体量前三的大省和重要的产粮基地，如何促进河南省县域高质量发展成为当下河南省亟须解决的重大问题。

根据《河南省“十四五”数字经济和信息化发展规划》，目前河南省在发展数字经济方面已经取得了诸多成就。第一，河南省关于发展数字经济的政策机制已基本建立，数字产业快速发展，已经初步形成以龙子湖“智慧岛”为核心区、18个大数据产业园区为主要节点的“1+18”数字经济发展格局。第二，河南省产业数字化转型程度不断加深，全省行政村益农信息社覆盖率达85.8%，在农业方面，建成了一批大田种植、设施园艺等物联网示范基地；在工业方面，实施机器人“十百千”示范应用倍增工程，培育省级智能车间或智能工厂500余个、上云企业超过10万家，包括中信重工矿山装备、一拖现代农业装备在内的8个工业互联网平台入选国家工业互联网试点示范项目。第三，河南省数字化治理能力不断提升，建成了全省一体化在线政务服务平台，“互联网+监管”平台以及贯通省、市、县、乡、村五级的政务服务网；开发了政务服务的移动端App——“豫事办”，“最多跑一次”事项实现率达到90%。第四，河南省通信网络基础设施全国领先，在全国率先实现20户以上自然村4G和光纤接入全覆盖，累计建设5G基站4.5万个；建成启用省级北斗地基增强系统，形成了由247个站点组成的卫星导航定位基准站网与由1个省级数据中心、28个市级分中心组成的运行架构和数据处理分发服务体系；建成了国家超级计算郑州中心、中国移动（河南）数据中心、中国联通中原数据基地、中国电信郑州高新数据中心等一批新型数据中心。

由上可知，一方面，河南省县域经济发展相对落后，与东部经济发达地区相比存在很大差距，高质量发展问题亟待解决；另一方面，我国数字经济呈现强劲增长态势，正为经济持续稳定增长注入不竭动力。河南省虽积极贯彻国家数字经济发展战略并取得了一定成绩，但并未充分将其转化为推动县域高质量发展的内生动力，在这样的现实背景和矛盾下，本书试图验证数字经济究竟能否驱动河南省县域高质量发展？如果有驱动效应，背后的作用路径又是什么？这种驱动效应是否存在门槛效应？客观准确评价数字经济对河南省县域高质量发展的驱动效应并明晰其作用路径，可为河南省数字经济发展驱动县域高质量发展的路径和对策提供经验证据。

第二节　国内外相关研究及述评

一、经济高质量发展的研究

自党的十九大首次提出“高质量发展”一词后，其便成为国内外学者研究的热点，通过对现有关于高质量发展的文献进行梳理，发现学者的研究主要集中在经济高质量发展的内涵、经济高质量发展水平测度及实现的路径等方面。

（一）经济高质量发展的内涵

国外学者主要从经济增长或者经济发展角度定义经济发展质量。Barro（2002）认为，经济增长不仅包括数量，还涵盖健康、生育、收入分配、政治制度等因素的质量方面。Mlachila（2017）认为，经济增长质量应涵盖社会维度，如社会福利等。Kuznet（1985）认为，经济发展应包括一个国家的财政收支平衡、社会和谐度、生态环境优劣和国民素质的全面提升等。Wino（2000）进一步丰富了经济发展质量的内涵，他认为，国家的治理结构和该国应对全球经济风险的能力等国际因素也对国家经济发展质量有重要影响。

国内学者从社会主要矛盾和新发展理念两个方面提出各自对经济高质量发展的理解。在社会主要矛盾方面，金碚（2018）、刘志彪（2018）和何立峰（2018）等认为，人民不断提升的对美好生活的需求能够得到何种程度的满足是判断高质量发展水准的重要准绳；任保平（2018）将高质量发展的内涵总结为经济发展、改革开放、城乡建设、生态环境、人民生活五个方面的全面高质量，他认为，高质量发展是经济发展到一定程度后应该达到的一种理想状态。在新发展理念方面，师博和张冰瑶（2018）立足于五大发展理念，深刻解读高质量发展内涵并从发展的基本面、社会成果以及生态三大角度出发，强调社会和谐和绿色生态对高质量发展的重要影响；魏敏和李书昊（2018）从新发展理念出发，认为经济高质量发展应包括创新驱动、经济结构向高级化和多元化转变、经济对外开放程度高、经济发展稳定连续、生态环境代价低和人民生活幸福美好等方面。

（二）经济高质量发展水平测度

现有文献对经济高质量发展水平的测度大致可分为两类，一类通过测算高质量发展效率指数衡量经济高质量发展水平，如全要素生产率（TFP）、绿色 TFP（唐娟、秦放鸣，2022）等。这部分学者认为，TFP 是经济增长质量的重要体现，是衡量高质量发展水平的重要指标（Zhang and Kong，2012；Mei and Chen，2016；刘志彪、凌永辉，2020）。韦东明和顾乃华（2021）构建全域 GML 生产率指数来衡量我国各城市经济高质量发展水平。李华和董艳玲（2021）基于全局参比 ML 指数测算了我国包容性绿色全要素生产率水平，以此来代表高质量发展的效率指数。这类测度方法以单一指标来衡量经济高质量发展水平难免存在一定片面性，因此，更多学者采用另一类测度方法，即从多个维度来刻画经济高质量发展，以构建经济高质量发展评价指标体系的方式进行综合测度。已有关于经济高质量评价指标体系的研究大致可以概括为以下三类。一是将创新、协调、绿色、开放、共享的新发展理念直接作为高质量发展指标体系的五个维度或以此为基础确定指标体系（李梦欣、任保平，2019；杜春丽、杜子杰，2019；马海涛、徐楦钫，2020；杨柳青青、李小平，2020）。二是以是否能解决发展问题、满足人民多方面需求为判断标准确立指标体系（李金昌等，2019；马茹等，2019；张军扩等，2019）。三是将经济高质量发展特征作为确定评价维度的基础（杨耀武、张平，2021；魏敏、李书昊，2018；师博、张冰瑶，2019；聂长飞、简新华，2020；佟孟华等，2022）。

具体测度方法有主成分分析法、综合评价法和 TOPSIS 法等。指标权重的确定方法有等权重赋值法（Mlachila et al.，2017；马茹等，2019）、熵权法和 AHP 法等。

（三）实现经济高质量发展的路径

通过供给侧结构性改革改善供给系统的质量（金碚，2018）、推动"放管服"改革促进政府职能转变（吕守军、代政，2019）、完善创新体制培养创新人才（高淑桂，2018；景维民等，2019）是实现新时代高质量发展的重要路径。还有学者认为，创新发展（厉以宁，2016；任保平、李禹墨，2019；龚六堂，2017；曹洪军、张绍辉，2022）、数字经济建设（宋洋，2019；张腾等，2021）、绿色金融发展（雷汉云、王旭霞，2020；文书洋、林则夫等，2022）、加大环境治理力度（陈诗一、陈登科，2018）、环境规制政策协同（卢维学等，2022）等也是促进经济高质量发展的重要渠道。

（四）县域高质量发展的相关研究

鉴于国外与国内有关"县域"的概念不同，本书只梳理国内县域高质量发展相关文献。国内对其研究主要分为县域高质量发展的内涵及实现路径两个方面。国内对县域高质量发展的概念界定尚未形成统一结论，主要可以归纳为两个方面。第一，县域高质量发展的核心目标是县域经济高质量发展。所谓县域经济高质量发展，即围绕创新、协调、绿色、开放、共享的新发展理念，借助县域公共服务均等化、要素资源双向流动等手段，在县域这一空间维度中实现结构转型升级、动力新旧转换、效率逐渐提高、质量持续变革的经济转型发展过程（刘国斌等，2019；王翔宇等，2022）。第二，县域高质量发展涵盖经济、政治、文化和生态建设。县域高质量发展是县域全方位、多角度的发展，区别于县域经济高质量发展的以县域经济发展为核心。这些学者认为，县域高质量发展的重要组成部分是县域经济高质量发展，是一种超越增长速度的、可持续的、能够满足人民日益增长的美好生活需要的发展（宫汝娜、张涛，2021）。上述两种内涵的不同之处在于对县域高质量发展的研究角度不同，前者注重县域经济发展，后者以县域发展整体为重心。

二、数字经济相关研究

（一）数字经济概念

“数字经济”（Digital Economy）一词最早由 Tapscott 和 Don 于 1996 年提出。他们认为数字经济是一种新的经济形态，是知识经济的一种重要体现，是经济发展的新趋势。Brent（1999）认为，数字经济不仅包括电子商务，还包括软件、信息通信、半导体等信息技术。逄健和朱欣民（2013）认为，狭义的数字经济指信息通信技术，而广义的数字经济则包括所有可以被数字化的产业及领域。2016 年，G20 杭州峰会对数字经济的内涵进行了界定：数字经济是指以使用数字化的知识和信息作为关键生产要素、以现代信息网络作为重要载体、以信息通信技术的有效使用作为效率提升和经济结构优化的重要推动力的一系列经济活动。这一概念得到很多研究机构和学者的认同。

（二）数字经济发展水平测度

国外对数字经济发展水平的测度研究相对较早。1970 年，日本电讯与经济研究所（RITE）构建了信息化指数模型，包括信息量、信息装备率、通信主体水平和信息系数 4 个一级指标，以及人均年使用函件数、人均年通话次数、每百人每天报纸发行数、每万人书店数、每百人电话拥有量等 11 个二级指标（Kim and Nolan，2006）。Porat（1977）第一次系统地构建了信息产业的指标体系，主要包括信息产业产值占比、信息部门的劳动者人数占比和信息部门的劳动者收入占比三个方面内容。2003 年，联合国教科文组织构建数字鸿沟指数，这一指数包括计算机普及率、互联网普及率和在家上网比率等。国际电信联盟根据信息技术和互联网技术的不断升级，也不断更新其信息通信指标体系，2007 年构建并发布了新的信息化发展指数（IDIITU），主要包括 ICT 接入、ICT 应用和 ICT 技能 3 个一级指标，以及每百人固定电话线长、移动电话用户数、每一用户国际互联网带宽、计算机拥有率、家庭接入互联网比重等 11 个二级指标。

国内的研究机构和学者也对数字经济发展水平测度展开讨论，构成了多样化的数字经济测算指标和方法。如 2017 年上海市社会科学院从数字设施、数字产业、数字创新、数字治理等维度构建数字经济指标体系，以测算中国数字经济水平。腾讯研究院通过选择 135 个二级指标，构建多维度指标体系，较为完整地测算了中国不同地区的“互联网 +”指数。一些学者在研究机构的基础上进行增加或者删除来构建指标体系（杨慧梅和江璐，2021；金灿阳等，2022；王军等，2021；李英杰和韩平，2022）。还有一些学者构建不同于机构的指标（张雪玲和焦月霞，2017），选择基础设施建设、信息通信技术初级应用、信息通信技术高级应用、企业数字化发展、信息和通信技术产业发展 5 个维度作为一级指标构建数字经济指标体系。刘军等（2020）从信息化发展、互联网发展和数字交易发展 3 个维度构建了中国各省际数字经济评价指标体系。

三、数字经济对经济高质量发展的影响研究

由于“高质量发展”一词出现较晚，学术界基于县域层面的研究鲜少，接下来，我们首先梳理数字经济影响经济增长的研究，其次梳理数字经济影响经济高质量发展的研究。

首先，数字经济影响经济增长的相关研究。学者对数字经济影响经济增长持“促进论”和“阻碍论”之分。持“促进论”的学者认为，数字经济显著推动经济增长。Hayes 和 Erickson（1982）表明，信息技术作为一种重要的生产资料有助于经济增长。Vu（2013）以新加坡为研究样本，实证

检验表明，信息通信技术的投资有助于提高经济增长水平。Evans（2019）同样研究表明，信息通信技术对经济增长具有明显的促进作用。Sawng等（2021）则进一步发现，信息通信技术对经济增长的促进作用主要在短期内显现。国内学者基于实证研究发现，数字经济显著促进了我国区域经济增长，且该影响存在地区异质性（吴茜、姚乐野，2023；李清华、何爱平，2022；张少华、陈治，2021）。基于上述研究，一部分学者发现数字经济与区域经济增长之间存在“倒U”形曲线关系（马嫣然等，2023）。还有一部分学者运用门槛模型验证数字经济对经济高质量的影响（尹立新，2023）。此外，一些学者通过机理分析发现，数字经济通过升级产业结构（鲁钊阳等，2023）、提高居民消费（薛秋童、封思贤，2022）等路径促进经济高质量发展。持“阻碍论”的学者研究发现，数字经济对经济增长的作用并非总是积极的。

其次，数字经济影响经济高质量发展的相关研究。已有研究主要从理论和实证研究层面探讨数字经济对经济高质量发展的影响及作用机制，当前学术界普遍认为数字经济有利于经济高质量发展。一部分学者从微观、中观、宏观三个角度理论分析数字经济对经济高质量发展的影响机理（丁志帆，2020；荆文君、孙宝文，2019）。基于微观角度，依托规模经济、范围经济和网络经济，数字经济开拓了利润渠道，获得了产品以外的利润，推动企业创新，有利于企业高质量发展（高志刚、丁梦雅，2024），使消费者获取优质的产品和服务（韩晶等，2020）。基于中观角度，数字经济的“赋能效应”更为显著，一方面有利于传统产业实现数字化、网络化、智能化转型，另一方面有助于推动数字技术的产业化发展，借助产业融合形成新模式、新产业、新业态（丁志帆，2020），即通过产业创新效应、产业关联效应和产业融合效应实现产业结构调整与转型升级（王金秋、赵敏，2021）。基于宏观角度，数字经济可通过增加生产要素投入、提高资源配置效率和全要素生产率（任保平、何厚聪，2022）三个途径促进经济高质量发展。在实证研究层面，多数学者认为数字经济对经济高质量发展具有直接推动作用。还有一部分学者运用空间计量模型（韩兆安等，2022）、门槛模型和中介模型（赵涛等，2020）、构建生产函数或投入产出函数（Thompson et al.，2007；王开科等，2020）等方法验证数字经济对经济高质量发展的影响，实证结果趋于一致，认为数字经济对经济高质量发展的影响具有空间异质性（李佳馨等，2022；陈昭等，2022）和非线性特征（王军、车帅，2022）。

四、研究述评

现有关于数字经济和经济高质量发展评价指标体系的研究为本书研究提供了参考与借鉴。通过梳理、归纳和演绎数字经济对经济高质量发展影响的现有研究，发现除了直接影响，数字经济还可能通过技术创新、产业结构升级、投资拉动和消费升级等路径对县域高质量发展产生间接影响。

我国经济高质量发展实现及其助推路径问题仍有一定的研究空间。一是从县域尺度实证研究经济高质量发展的成果不多。现有研究主要是从乡村振兴的要求或县域经济的内涵特征及功能定位角度理论上探讨县域经济高质量发展的路径，或者从县域实际案例出发分析县域经济高质量发展存在的问题及对策建议，通过构建合理科学的县域经济高质量发展指标体系，准确测度发展水平，从而提出针对性实现路径的实证研究不多。二是县域尺度的数字经济对高质量发展影响的研究不多。现有数字经济对高质量发展影响的研究成果主要集中在省域或者市域，但县域经济高质量发展是整个国家经济的基础和压舱石，也是推进乡村振兴和实现共同富裕的关键环节。三是数字经济对县域高质量发展的作用路径更加值得研究。已有研究为本书从理论上设计作用路径提供了思路和依据，但大多是从某一作用路径入手分析其对县域经济高质量发展的影响，不具有系统性，而县域经济高质量发展的路径是多元化的。另外，数字经济对基于资源禀赋、经济条件和区位条件等不同类型县域的作用路径可能是不同的，各类型县域适合采取哪些路径与措施推动经济高质量发展还需要进行系统研究。

第三节　研究价值与创新

一、研究价值

（一）学术价值

第一，基于创新、协调、绿色、开放、共享的新发展理念，结合县域经济发展特征、乡村振兴的内在要求，构建科学合理的县域高质量发展评价指标体系，丰富中国经济发展理论体系；第二，构建双向固定效应模型、中介效应模型以及门槛模型，动态考量数字经济对县域高质量发展的影响效应，实现从理论推演到实证验证；第三，从技术创新、产业结构升级、投资拉动和消费升级等方面梳理数字经济对县域高质量发展的理论逻辑。

（二）应用价值

第一，厘清数字经济对县域高质量发展的影响效应（包括直接效应和间接效应），有助于让政府认清数字经济的实际效应和作用路径，并为各县（市）协同发展提供理论依据；第二，数字经济对县域高质量发展作用路径的分析与验证，有助于相关部门因地制宜地制定相关政策，使政策更具针对性和可操作性，从而更快更好地实现县域经济高质量发展。

二、研究创新

基于对现有文献的归纳汇总，结合我国数字经济、县域高质量发展的实际情况，根据本书的研究内容，创新之处主要在于突破三个重点和三个难点。

（一）三个重点

第一，厘清数字经济对整体县域与不同类型县域高质量发展的影响效应和门槛效应；第二，从创业投资、技术创新、产业结构升级、环境治理和社会数字化治理等方面理论上阐释数字经济对县域高质量发展的作用路径；第三，从创业体制机制构建、数字技术创新、产业结构升级与产业融合、生态建设与环境治理和社会数字化治理等方面设计进一步促进数字经济驱动河南省县域高质量发展的优化路径。

（二）三个难点

第一，依据创新、协调、绿色、开放、共享的新发展理念，结合县域经济发展特征和乡村振兴的内在要求，构建科学合理的县域高质量发展的评价指标体系；第二，设定计量模型进行内生性和稳健性检验，测度影响效应与门槛效应；第三，基于不同类型县域特点、数字经济与高质量发展水平，设计数字经济驱动县域高质量发展的实现路径。

第四节　研究思路与方法

一、研究思路

在考察县域数字经济发展及高质量发展演变特征的基础上，本书从创业投资、技术创新、产业结构升级、环境治理和社会数字化治理等方面构建数字经济影响县域高质量发展的理论逻辑框架，运用相关模型对数字经济驱动县域高质量发展的直接效应和间接效应进行实证检验，以此探寻数字经济对县域高质量发展的作用路径，并进一步分析数字经济对县域高质量发展的门槛效应，在研究结论的基础上提出实现路径与保障措施（见图 1–1）。

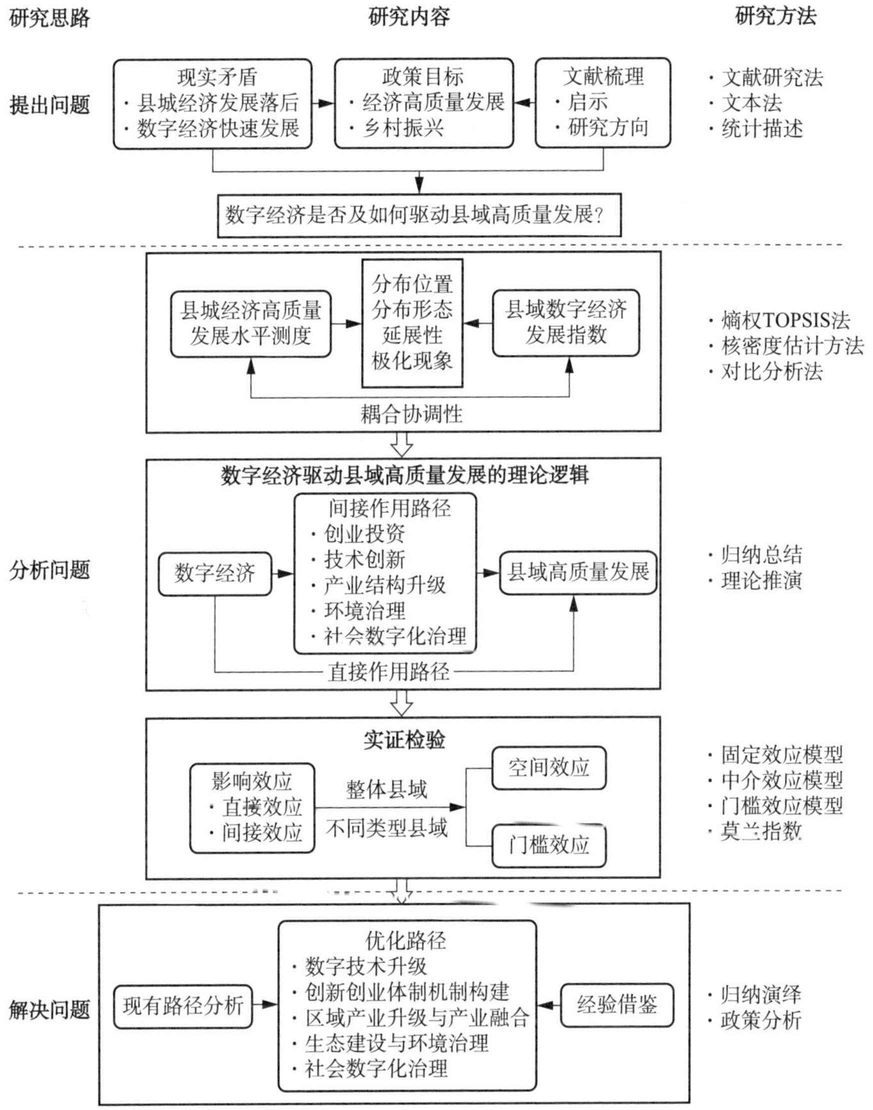

图 1-1 技术路线

二、研究方法

(1)归纳演绎法。获取、整理、分析、吸收、借鉴、归纳国内外相关研究成果，并依据经济发展理论、创新理论、产业发展理论、绿色发展理论、公共管理理论等，提出数字经济驱动县域高质量发展的理论逻辑；根据实证结果演绎设计数字经济驱动河南省县域高质量发展的优化路径。

（2）计量分析法。依据统计资料，通过统计分析法、熵权 TOPSIS 法、核密度估计方法、双向固定效应模型、莫兰指数、空间杜宾模型、门槛效应模型、中介效应模型等对理论假设进行数理分析与验证。

（3）对比分析法。比较分析不同类型县域数字经济发展与高质量发展的水平、影响效应和作用路径。

（4）案例分析法。从县域创业投资、技术创新、产业结构升级、环境治理和社会数字化治理五个方面出发，在全国范围内遴选对应县域样本，探讨所选县域以数字经济助推县域高质量发展的路径手段及其带来的经验启示。

第二章 基础理论与理论逻辑

第一节　县域高质量发展基础理论

一、县域高质量发展相关理论

（一）科学发展观

科学发展观是2003年我国在全面总结国内外发展经验教训的基础上提出的重大战略思想，其核心是坚持以人为本，树立全面、协调、可持续的发展观，促进经济社会和人的全面发展。

贯彻落实科学发展观需要统筹协调经济社会各方面的发展。第一，坚持以经济建设为中心。我国正处于并将长期处于社会主义初级阶段，发展社会生产力是我们在当时阶段乃至现如今阶段的主要任务，需要保持较快的增长速度并实现速度、结构、质量和效益的统一。第二，坚持经济社会协调发展。在推动经济快速发展的同时不能忽视社会发展，努力解决经济和社会发展存在的“跛腿”问题。第三，统筹城乡协调发展。站在国民宏观经济角度重点解决农民、农业和农村的“三农”问题，打造以城带乡、以城带工、以工促农、城乡互助的协调发展格局，逐步改变长期以来的城乡二元经济结构。第四，坚持区域协调发展。加快推进西部大开发和东北老工业基地振兴，促进中部地区崛起，鼓励东部地区快速发展，形成东中西互补、相互促进、共同发展的新局面。第五，坚持走可持续发展道路。统筹人与自然和谐发展，处理好经济发展与环境污染、资源消耗之间的关系，加大对生态环境的保护力度，建设资源节约型和环境友好型社会。第六，坚定不移地走改革开放道路。加快国家政策体制改革，扩大对外开放程度，处理好内需与外需、内资与外资之间的关系，为经济社会的快速发展提供可靠的保障机制。

尽管科学发展观的提出迄今为止已经超过 20 年，但其对经济发展的要求与县域高质量发展的内在要求有着共同的精神内核，时至今日仍然适用。科学发展观要求县域发展不仅注重经济增长，还关注社会进步、环境改善和民生福祉，要求把人民利益作为一切工作的出发点和落脚点，不断满足人们的多方面需求并促进人的全面发展；要求在保持经济持续快速协调健康发展的同时加快政治文明、精神文明建设，形成物质文明、政治文明、精神文明相互促进、共同发展的格局；要求统筹城乡协调发展、区域协调发展、经济社会协调发展以及人与自然和谐发展；要求处理好经济建设、人口增长与资源利用、生态环境保护的关系，推动整个社会走上生产发展、生活富裕、生态良好的文明发展道路。可以说，科学发展观是县域高质量发展较为早期的指导思想之一。

（二）新发展理念

2015 年 10 月，习近平总书记在党的十八届五中全会上提出的新发展理念是新时代中国特色社会主义发展理念，是对全球化和信息时代的应对与适应。新发展理念强调科技创新、城乡协调、环境保护、经济开放和人民福祉的重要性，包括创新、协调、绿色、开放、共享五个方面。创新发展注重解决发展动力问题，协调发展注重解决发展不平衡问题，绿色发展注重解决人与自然和谐问题，开放发展注重解决发展内外联动问题，共享发展注重解决社会公平正义问题。

新发展理念是科学发展观的继承和完善，是基于当前我国经济发展形势的新指导思想，也是我国经济发展进入新常态的治本之策，有着更为广泛、更有实效的发展措施。第一，新发展理念以深化供给侧结构性改革为主线，坚持把发展经济的着力点放在实体经济上，把提高供给质量作为主攻方向，努力提高我国的经济发展质量，建设现代化经济体系。第二，新发展理念强调建设创新型国家，要求瞄准世界科技前沿、把准科技发展风向，实现对基础研究的强化和对前瞻性、关键性研究的突破。第三，新发展理念坚持战略导向，包括乡村振兴战略、区域协调发展战略等，力求建设更加行之有效的国家发展新机制。第四，新发展理念坚持加快完善社会主义市场经济体制，以完善产权制度和要素市场化配置为重点，实现产权有效激励、要素自由流动、价格反应灵活、竞争公平有序、企业优胜劣汰。第五，新发展理念以“一带一路”建设为重点，遵循“共商、共建、共享”的沿线国家合作原则，坚持“引进来”和“走出去”并重，推动形成公平、自由、全面的陆海内外联动、东西双向互济的新开放格局。

新发展理念是最符合我国当下高质量发展战略目标的指导思想，其涵盖的五大方面及具体措施统筹起来为我国县域高质量发展提供了全方位的思想指导，为县域激发内生动力、促进绿色协调发展等方面提供了坚实的理论支撑。

（三）创新驱动发展战略

创新驱动发展战略是党的十八大提出的发展理念，是指通过加强技术创新和转化，提高国家竞争力和创新能力，促进经济社会可持续发展的战略。其核心是创新，包括基础研究、应用研发、技术转化和创新人才培养等方面。其有两层具体含义：一是长期以来，我国经济的快速增长主要源于劳动力和资源环境的低成本优势，而进入新发展阶段以来，我国的人口红利逐渐消失，资源环境压力逐渐增大，与传统的资源、劳动密集型产业相比，技术密集型产业具有不易模仿、高效率、高附加值的优点，因此，中国未来的发展要靠科技创新驱动，而不是传统的劳动力以及资源能源驱动；二是创新的目的是驱动发展，任何创新都要服务于新时期的生产实践，最终目的是推动我国整体高质量发展。

创新驱动发展战略的具体措施主要包括以下几个方面。第一，加强科技创新体系建设，建立以企业为主体、市场为导向、产学研深度融合的技术创新体系，支持国家实验室、国家重点实验室、国家工程研究中心等高水平科研机构的建设和发展，推动高校和科研院所改革，提高科研成果转化效率。第二，优化创新环境，完善知识产权保护制度，加强知识产权的创造、保护、运用和管理，简化行政审批流程，降低创新创业门槛，营造良好的创新创业环境，加强科技金融支持，为创新型企业和项目提供资金支持。第三，培育创新人才，实施更加积极、开放的人才政策，吸引并培养高层次创新人才，加强基础教育和职业教育的创新能力培养，提高全民科学素质，建立健全人才激励机制，鼓励人才创新创业。第四，推动产业结构升级，支持战略性新兴产业和高技术产业发展，推动传统产业转型升级，加强产业链、供应链、价值链的整合和优化，提升产业整体竞争力，推动数字经济、绿色经济等新经济形态的发展。第五，加强国际科技合作，积极参与全球科技创新治理，加强与国际科技组织和国家的合作交流，引进国外先进技术和管理经验，推动国际科技成果的引进和转化，支持国内企业和科研机构“走出去”，参与国际科技竞争和合作。第六，完善政策支持体系，制定和实施一系列支持创新的政策措施，包括税收优惠、财政补贴、研发费用加计扣除等，建立健全科技创新评价体系，激励科技创新活动，加强科技创新法律法规建设，保障创新活动的合法权益。

县域高质量发展要求县域加强技术创新和转化，提高产业结构升级和经济社会可持续发展的水平，是创新驱动发展战略的一个重要实践，也是我国新时代乡村振兴战略的重要组成部分。创新驱动发展战略对县域高质量发展的具体指导包括：在县域层面加强基础研究和应用研发，支持企业在应用研发中的自主创新，提高县域在全球应用研发中的竞争力；在县域层面加强技术转化，推动科技成果转化为经济效益，提高县域创新产业的发展水平；在县域层面加强创新人才培养，培养一支具有国际竞争力的创新人才队伍；在县域层面完善创新法规，建立健全创新法规体系，促进创新发展；在县域层面加强国际科技合作，争取科技优势领域的领先地位；在县域层面推动产业结构升级和经济社会可持续发展，提高县域经济发展水平和生活质量。

（四）乡村振兴战略

乡村振兴战略是我国为了实现农业农村现代化，促进农村经济社会全面发展提出的一项重要战略，这一战略在2017年中国共产党第十九次全国代表大会上首次提出，并在随后的政策文件中得到进一步阐述和发展，旨在通过一系列政策措施，解决农村发展不平衡不充分的问题，推动农业全面升级、农村全面进步。这一战略的实施，对于实现全面建设社会主义现代化国家的目标具有重要意义。

乡村振兴战略的核心要点包括产业兴旺、生态宜居、乡风文明、治理有效、生活富裕和人才振兴。产业兴旺是指要推动农业供给侧结构性改革，发展特色农业、现代农业，提高农业综合生产能力和竞争力，鼓励农村一二三产业融合发展，培育新型农业经营主体，增加农民收入；生态宜居是指要加强农村生态环境保护，推进农业绿色发展，改善农村人居环境，建设美丽乡村，实施农村环境整治行动，提升农村基础设施和公共服务水平；乡风文明是指要弘扬优秀传统文化，加强农村精神文明建设，提升农民文化素质和社会文明程度，推动农村教育、文化、卫生、体育等社会事业发展；治理有效是指要完善乡村治理体系，加强农村基层党组织建设，推进村民自治，保障农民合法权益，加强农村法治建设，提高农村社会治理水平；生活富裕是指要通过多种途径增加农民收入，改善农民生活条件，缩小城乡差距，实施精准扶贫、精准脱贫，确保农村贫困人口稳定脱贫；人才振兴是指要吸引和培养农村人才，鼓励各类人才返乡创业，支持农村青年、妇女、残疾人等群体发展。在我国，县域和乡村具有密切的联系，县域往往包含乡村，因此，乡村振兴战略的种种要点和要求也是对县域高质量发展的要求，推进实施乡村振兴战略在一定程度上也是推动县域高质量发展的有力举措。

（五）国家新型城镇化战略

新型城镇化是以城乡统筹、城乡一体、产域互动、节约集约、生态宜居、和谐发展为基本特征的城镇化，是大中小城市、小城镇、新型农村社区协调发展、互促共进的城镇化。早在2002年，党的十六大就提出了“走中国特色的城镇化道路”的建议，标志着我国正式由传统城镇化道路迈入新型城镇化道路（何江等，2020），但其主要研究的兴起还要稍晚一些，大致可以分为三个阶段。第一阶段是2012年及以前，这一阶段对新型城镇化的研究尚处起步阶段；第二阶段是2013—2016年，这一阶段属于我国新型城镇化研究的爆发增长阶段；第三阶段是2017年至今，这一阶段属于稳步深化阶段。与传统城镇化相比，新型城镇化更强调城镇化内在质量的全面提升，强调要推动我国城镇化由数量规模主导转变为质量内涵提升；要转变过去的粗放式用地和用能模式，从思想上明确走资源节约、环境友好之路；要改变以往主要依靠中心城市带动发展的局面，转向城市群、大中小城市和小城镇之间的协调配合发展。

新型城镇化与县域高质量发展之间存在密切相关的联系。一方面，新型城镇化建设对于推动县域高质量发展有着不可忽视的作用。第一，新型城镇化的推进往往需要完善的基础设施支持，这促使县域内交通、通信、供水供电等基础设施得到改善，为高质量发展奠定基础。第二，在新型城镇化过程中，人口和资本等生产要素向城镇集中，推动产业集聚，有利于形成产业链完整、产业关联度高的产业体系，促进县域经济结构的优化升级。第三，随着新型城镇化建设的深入，第二、第三产业在县域内发展，可以提供更多就业岗位，有助于提高居民收入、改善生活质量。第四，新型城镇化要求提高公共服务能力（包括教育、医疗、文化等），这有助于提升县域整体生活环境和居民文化素质。第五，新型城镇化强调城乡融合发展，推动资源要素双向流动，加强农业与城镇的产业联系，促进城乡一体化发展。另一方面，县域高质量发展是推动新型城镇化建设的有力支撑。第一，县域高质量发展意味着经济、社会、文化、生态等方面的全面进步，这为新型城镇化提供了良好的环境基础和承载能力。第二，县域经济的发展和生活质量的提高可以吸引大量人口集聚，为城镇提供劳动力，推动新型城镇化中的人口转移。第三，县域高质量发展带动的产业升级，可以为新型城镇化提供坚实的产业支撑，能够有效促进城镇经济的持续健康发展。第四，县域高质量发展能够更好地吸引和利用资源，包括资本、技术和人才等，为新型城镇化提供有效的资源保障。第五，县域高质量发展要求在推动经济发展的同时，注重生态环境的保护和建设，这一做法有利于实现绿色城镇化，提升城乡居民的生活环境。

（六）精准扶贫理论

精准扶贫是相对于粗放扶贫而言的，是指针对不同的贫困地区环境或不同的贫困居民、村民状况，采用科学有效的程序和方法对扶贫对象实施精确识别、精确帮扶、精确管理的高效治贫方式，通过科学精准地识别贫困人口，有针对性地提供精准的扶贫政策和措施，实现贫困人口脱贫致富的目标。精确识别是精准扶贫的前提；精确帮扶是精准扶贫的关键，重点是坚持方针、到村到户、因户施策和资金到户；精确管理是精准扶贫的保证，包括农户信息管理、阳光操作管理和扶贫事权管理。“精准扶贫”的思想最早提出于2013年11月习近平总书记在湖南湘西地区的实践考察；2014年初，我国制订了详细的政策规划，开始正式推动精准扶贫落地，同年3月，习近平总书记在参加两会代表团审议时提出了扶贫新论断，强调要瞄准扶贫对象进行重点施策、实施精准扶贫战略，进一步阐释了精准扶贫的核心理念；2015年，习近平总书记在西南地区的云南、贵州等省份调研时，强调要科学谋划好“十三五”时期扶贫开发工作，确保贫困人口到2020年如期脱贫，并提出扶贫开发“贵在精准，重在精准，成败之举在于精准”等论断，自此，“精准扶贫”逐渐成为各界探讨的热点问题，并为我国经济社会发展提供思想指导。

精准扶贫与县域高质量发展相互关联、相互支撑。县域是贫困户分布的主要地区，也是推进地区扶贫工作的主要载体，县域高质量发展强调县域经济整体发展水平和质量的提升，可以为精准扶贫工作提供经济、政策保障；另外，精准扶贫是改善落后地区发展状况和人民生活的有力措施，是推动县域高质量发展的可行之策。精准扶贫与县域高质量发展的关联主要体现在产业、教育、基础设施和公共服务等方面。一是产业扶贫。精准扶贫重点关注贫困人口的就业和收入增加，通过发展特色产业、培育农民合作社等方式，引导贫困地区发展具有竞争力的产业，提升农民的收入水平，促进县域经济高质量发展。二是教育扶贫。精准扶贫要求提高贫困地区的教育支持，提高受教育者的素质和能力，为其脱贫创造条件，教育的发展也是县域高质量发展的基础，人力资源的培育和教育水平的提高对县域经济高质量发展至关重要。三是基础设施建设。精准扶贫将基础设施建设作为脱贫攻坚的重要方面，基础设施的完善不仅提升了贫困地区的生产力，也为县域经济发展提供了必要的支撑和保障。四是公共服务改善。精准扶贫要求改善贫困地区的基本公共服务，包括医疗、教育、社会保障等方面，公共服务的提升不仅提高了贫困人口的生活水平，也为县域高质量发展提供了人力资源保障和社会稳定基础。综上所述，精准扶贫与县域高质量发展相互促进，通过精准的扶贫政策和措施，能够促进贫困县域经济发展，提高贫困人口的生活水平，从而为县域高质量发展奠定基础；同样地，县域高质量发展也为精准扶贫提供了更广阔的空间和机遇，为贫困人口脱贫致富提供了更多机会和支持。

（七）供给侧结构性改革理论

改革开放以来，我国长期享有人口红利，经济持续保持高速增长态势，成功步入中等收入国家行列并成为世界第二大经济体。然而，随着人口红利衰减、“中等收入陷阱”的风险积累以及国际经济发展格局的改变，我国经济发展逐渐出现主要经济指标之间的联动性背离、经济增长持续下行与 CPI 持续低位运行、居民收入有所增加而企业利润率下降、消费上升而投资下降等问题，经济的结构性分化现象愈加明显。为适应这种变化，我国迫切需要改善供给侧环境、优化供给侧机制，通过改革制度供给，大力激发微观经济主体活力，以增强我国经济长期稳定发展的新动力。基于此背景，2015 年我国正式展开了对供给侧结构性改革的研究。

供给侧结构性改革可以分解为“供给侧 + 结构性 + 改革”，其含义是：用改革的办法推进结构调整，减少无效和低端供给，扩大有效和中高端供给，增强供给结构对需求变化的适应性和灵活性，提高全要素生产率，使供给体系更好地适应需求结构变化。供给侧结构性改革有六大具体内容，包括调整完善人口政策、推进土地制度改革、加快金融体制改革、实施创新驱动发展战略、深化简政放权改革和构建社会服务体系，其最终目的是要提高供给体系的质量和效益，增强区域、产业、制度、产品等多个方面的竞争力。

供给侧结构性改革对县域高质量发展具有重要意义，对于县域而言，可以通过供给侧结构性改革优化供给结构、提高供给质量，进而促进经济结构的优化升级、提高县域经济的整体竞争力和可持续发展能力，以适应经济发展环境的变化，从而推动县域整体高质量发展。第一，优化产业结构。供给侧结构性改革强调淘汰落后产能、发展新兴产业，这有助于县域内产业结构的优化，推动传统产业转型升级，培育新的经济增长点。第二，提升产品质量。通过供给侧结构性改革，可以提高县域内企业的生产效率和产品质量，增强产品的市场竞争力，满足消费者对高品质产品的需求。第三，创新驱动发展。供给侧结构性改革鼓励创新，县域可以通过加大研发投入，推动技术创新和模式创新，形成以创新为核心的发展动力。第四，提高资源配置效率。供给侧结构性改革有助于优化资源配置、减少资源浪费、提高资源使用效率，为县域高质量发展提供物质基础。第五，改善营商环境。供给侧结构性改革还包括简政放权、放管结合、优化服务，这有助于改善县域营商环境，吸引投资，促进企业发展。与此同时，县域高质量发展也是供给侧结构性改革的重要支撑。第一，需求侧的引导作用。县域高质量发展意味着居民收入水平提高和消费能力增强，这为供给侧结构性改革提供了市场需求基础，可以有效引导供给结构调整。第二，产业升级的内在要求。县域高质量发展要求产业结构不断优化，这为供给侧结构性改革提供了内在动力，推动产业向高端化、智能化、绿色化方向发展。第三，创新能力的提升。县域高质量发展需要创新驱动，这促使供给侧结构性改革更加注重科技创新和人才培养，以提升县域的创新能力。第四，生态环境的保护。高质量发展要求注重生态环境保护，这为供给侧结构性改革提供了绿色发展的方向，推动县域经济与生态环境协调发展。第五，社会治理的完善。县域高质量发展还包括社会治理的完善，这有助于供给侧结构性改革在县域内更好地实施，形成良好的政策环境和社会氛围。总之，供给侧结构性改革是推动县域高质量发展的重要手段，县域高质量发展则是供给侧结构性改革成效的体现，两者相互促进，共同推动县域经济社会的全面进步。

（八）区域经济学

区域经济学也称“地区经济学”，是经济学与地理学交叉形成的应用经济学，主要研究区域经济发展的规律和机制，主要研究内容包括区域经济发展的差异、地域经济结构、区域经济政策和区域发展策略等。区域经济学最早可以追溯到 1826 年德国经济学家杜能提出的农业区位论，大体形成于 20 世纪 50 年代，早期代表作有杜能的《孤立国》以及韦伯的《工业区位论》，后有埃德加·M. 胡佛（Edgar Malone Hoover）的《区域经济学导论》，1978 年，苏联经济学家涅克拉索夫的著作《区域经济学》出版，标志着这门学科发展到一个新水平。

区域经济学有以下几种经典理论模型。中心—边缘模型（Core-Periphery Model）：该模型认为，区域经济发展存在一个中心地带和边缘地带的差异，中心地带具有更高的经济活力和发展水平，边缘地带则处于被动地位，这种差异是由于中心地带具有更好的基础设施和资源，吸引了更多的投资与人才，导致了区域经济发展的聚集。城市—乡村模型（Urban-Rural Model）：该模型关注城市和乡村的区域经济差异，认为城市具有更高的经济活力和发展水平，而乡村则处于被动地位，这种差异是由于城市具有更好的基础设施和资源，吸引了更多的投资与人才，导致了城市经济的发展。多核模型（Multi-Core Model）：该模型认为，区域经济不仅存在中心地带和边缘地带的差异，还存在多个发达地带之间的相互影响和竞争，在这种情况下，区域经济发展的规律和机制会更加复杂，需要考虑多个中心地带之间的关系和互动。发展差距模型（Development Gap Model）：该模型关注区域经济发展的差距，认为这种差距是由地区的发展优势和不足造成的，这种差距会导致一些地区处于发展优势地带，而另一些地区则处于发展劣势地带。新经济地理学（New Economic Geography）：该理论认为，区域经济发展的机制是由市场力量和空间因素共同决定的，这种理论强调地理位置、基础设施和人口流动等空间因素在区域经济发展中的作用。此外，区域经济学还包括中心地理论、区域经济一体化等与县域经济发展密切相关的理论，这些理论强调了县域在区域经济中的地位和作用，以及如何通过区域合作实现共同发展，在解释区域经济发展的差异和机制方面具有重要指导意义，并为政策制定提供了有价值的参考。

在区域经济学视角下推动县域高质量发展有以下几个关键点。区域分工与协同发展：通过区域经济学的理论，县域需要明确自身的比较优势，参与区域内的分工合作，避免产业结构的同质化，实现资源优化配置。产业结构调整：通过新经济地理学等理论，推动产业结构从传统农业向现代农业、制造业、服务业多元化发展，提升产业附加值。创新驱动：鼓励科技创新和人才培养，利用新经济理论推动创新发展，提升县域的竞争力。城乡一体化：结合城乡经济地理学，促进城乡融合发展、改善农村基础设施、提高农民收入、缩小城乡差距。绿色发展：关注环境经济学，实施可持续发展战略，保护生态环境，实现经济、社会与环境的协调发展。政策支持与规划：制定和实施有针对性的区域政策，如财政政策、产业政策等，引导和支持县域高质量发展。开放与合作：加强与周边地区乃至全国甚至全球的经济联系，利用区域经济学的开放经济理论，扩大对外开放，吸引投资和人才。总之，通过区域经济学的理论和方法，县域可以更好地理解自身的经济地位和发展的可能性，从而制定出更符合实际、更科学的政策，推动实现高质量发展。

（九）可持续发展理论

可持续发展是指既满足当代人的需求，又不对后代人满足其自身需求的能力构成危害的发展，以公平性、持续性和共同性作为基本原则，最终目的是达到共同、协调、公平、高效、多维的发展。在具体内容方面，可持续发展包括可持续经济、可持续生态和可持续社会三个方面的协调统一。第一，可持续发展鼓励不以损害环境为代价的经济发展，不仅重视经济增长的数量，更追求经济发展的质量，要求将传统的高投入、高消耗、高污染的生产方式转变为集约高效的生产方式，提高资源利用效率，减少环境污染和废弃物的产生；第二，可持续发展要求经济社会的发展与自然的承载能力相协调，强调了有限制的发展，人类活动不能超过自然环境的承载上限，在发展经济的同时必须保护和改善自然生态环境，保证资源环境使用的可持续性，但不同于以往将环境保护与经济社会发展对立的做法，可持续发展要求通过转变发展模式，从人类发展的源头上解决环境问题；第三，可持续发展强调社会公平是环境保护得以实现的机制和目标，发展的本质在于改善人类生活质量，提高人类健康水平，创造一个保障人们平等、自由、教育、人权和免受暴力的社会环境。

可持续发展理论包括增长极限理论、人口承载理论、人地系统理论、资源永续利用理论、外部性理论、财富代际公平分配理论等基本理论，这些理论为县域高质量发展提供了重要的指导原则和方法论，而县域高质量发展是实现可持续发展目标的具体实践和探索，两者相辅相成，共同推动中国社会主义现代化建设全局的深刻变革。具体来说，县域高质量发展对可持续发展理论的实践体现在五个方面。一是推动经济结构的优化升级。县域高质量发展要求经济发展从传统的资源依赖型转向创新驱动型，推动产业结构升级，发展高新技术产业和绿色产业。二是对资源环境的保护与利用。县域在发展经济的同时，要注重资源的合理利用和对环境的保护，实施节能减排政策，发展循环经济，确保资源的可持续利用。三是促进社会公平与民生改善。县域高质量发展意味着缩小城乡差距、提高公共服务均等化水平、保障和改善民生、实现社会公平正义。四是大力推进生态文明的建设。县域高质量发展强调绿色发展，建设美丽县域，实施生态环境保护措施以提升生态环境质量，实现经济社会发展与自然环境的和谐共生。五是社会治理的创新。县域通过深化改革与完善政策推动社会治理体系和治理能力现代化，增强县域发展的内生动力和活力，进而提高县域高质量发展水平。

二、县域高质量发展的重大意义

（一）县域高质量发展是我国经济发展的新引擎

在新冠疫情之后，国际和国内的经济发展环境正迎来一场深刻变革，经济发展的新旧动能转换问题、区域城乡协同问题以及国际发展格局变动问题等都为我国经济的长期可持续发展提出了一系列严峻考验。在城市经济发展后劲不足的情况下，作为承接我国高质量发展任务的重要空间载体，发展县域经济能够最大限度地整合区域要素和资源、释放乡村消费潜力、保障地区就业民生、提高地区基础设施建设水平，进而为区域经济发展注入新的活力，推动区域和我国整体经济发展水平进一步提高。

（二）县域高质量发展是协调发展战略的枢纽

我国县域众多、县域人口众多、县域经济发展水平具有显著的区域差异，根据《中国县域高质量发展报告 2023》，截至 2022 年底，地区生产总值超千亿的县域共有 52 个，高度集中于国家确定的重点城市群地区，其中 41 个位于江苏、浙江、福建、山东四个东部沿海省份。江苏省昆山市的地区生产总值突破 5000 亿元大关，超过西藏、青海和宁夏三个省区，另外，接近 80% 的县域生产总值低于 300 亿元，更存在 70 个左右经济规模低于 10 亿元的“微型”县城。巨大的县域差异一定程度上造就了我国区域发展失衡的局面，因地制宜推动县域高质量发展，发展地区特色产业，制定区域导向政策，加大对中西部县域的帮扶力度，是缓解“城市病”、贯彻落实我国区域协调发展战略的有力手段。与此同时，县域也是衔接我国城市地区和乡村地区的关键环节。根据《中国发展报告 2023》，2022 年，中国城镇居民和农村居民的人均可支配收入分别为 49283 元和 20133 元，城乡收入差距为 2.45 倍；城镇居民和农村居民的恩格尔系数分别为 29.5% 和 33.0%。随着我国县域高质量发展工作的不断推进，脱贫人口和农民工等重点群体的收入稳步增长，2023 年这一收入数据变为 51821 元和 21691 元，收入差距降至2.39倍。推动县域高质量发展，不仅是贯彻我国区域协调发展战略的需要，也是缩小城乡收入差距、推动城乡协调发展的可行之策，是打通我国都市发展圈和乡村振兴战略的连接通道。

（三）县域高质量发展为创新提供不竭的动力

推动县域高质量发展工作的重点内容之一便是培养县域科技创新人才、提高县域科技创新水平。县域经济普遍存在产业结构不合理、要素投入效率低下、产业人才稀缺、科技创新能力薄弱等问题。改变过往较为粗放的经济发展方式，推动县域高质量发展，与城市、乡村之间形成错位互补的垂直分工格局，能够有效调整地区产业结构，助推地区产业结构创新。同时，县域普遍存在教育资源匮乏、人才流失等问题，加大县域科教投入，发展县域高质量教育，是地区科技创新、人才创新的基本保障。

（四）县域高质量发展是改善地区生态环境的必由之路

长期以来，我国走的基本都是一条重发展速度、轻发展质量，先发展、后治理的道路，其突出表现就是我国经济发展的不协调、不充分以及资源的过度消耗和环境污染的加剧。而现在，我国经济正由高速增长阶段迈向高质量发展阶段，摒弃过往的粗放型发展模式，转向高质量发展已经成为新时代我国发展的主旋律、主基调，以往经济发展过程中遗留的种种资源环境问题只有得到有效合理的解决，才能为我国的长远发展之路扫清障碍。而今城市发展过程中的环境问题越来越受到重视，只要发展不要生态的做法已经成为过去式，县域作为我国当前经济发展的重心之一，推动县域高质量发展，注重人、产业、生态三者的和谐共生，是改善乡村人居环境和地区生态环境的必由之路。

（五）县域高质量发展是推进国家治理体系和治理能力现代化的重要一环

县域高质量发展离不开县域高质量治理，“郡县治则天下安，县域兴则国家强”，县域肩负着“上传下达”的使命，县域治理关系着政权稳固、政局安定、政治安宁，正如习近平总书记在关于县域治理的重要论述及实践基础中提及，国家好比一张网，县域好比网上的绳结，绳结紧则网牢固，绳结松则网散开。县域治理涵盖县域发展的各个方面，推动县域高质量发展尤其是县域高质量治理，不仅是我国经济发展的客观需要，更是维护国家稳定、推进国家治理体系和治理能力现代化的重要环节。

第二节　数字经济基础理论

一、数字经济的内涵

数字经济的概念起源于20世纪90年代美国商人Don Tapscott所著的《数字经济：网络智能时代的承诺与危险》一书（Bowman，1996），书中描述了网络智能时代的新经济形态——数字经济的塑造因素及其与企业、政府间的关系。1998年，美国商务部公布了一份关于新经济定义的全面报告——《浮现中的数字经济》，正式将互联网和电子商务等新经济形态与数字经济进行等效，强调了数字经济对于推动20世纪末期美国经济持续增长的重要作用。目前，国际社会对于数字经济还没有全面统一的定义，根据我国《国务院关于印发“十四五”数字经济发展规划的通知》，数字经济是继农业经济和工业经济之后的又一大主要经济形态，是以数据资源为关键要素，以现代信息网络为主要载体，以信息通信技术融合应用、全要素数字化转型为重要推动力，促进公平与效率更加统一的新经济形态。实际上，数字经济是一个内涵比较宽泛的概念，具有高创新性、强渗透性和广覆盖性（张春玲、赵爽，2022），同时具有较高的经济效率和较强的绿色属性（唐平、杨德林，2024），凡是直接或间接利用数据来引导资源发挥作用、推动生产力发展的经济形态都可以称为“数字经济”，其发展是供给—需求实现总量平衡、结构适配、质量协同升级的关键连接点（刘航等，2024）。

随着数字经济的发展浪潮在全球各大经济体中愈演愈烈，各国都在加大对数字经济发展的投入和支持力度，强调数字经济发展的国际互联互通。在此背景下，数字经济在中国经济发展中的地位越来越高，目前已经上升到国家战略层面，成为中国在新经济时代下努力实现弯道超车的关键抓手。中国的数字经济发展大概经历了三个时期，即萌芽期、发展期和成熟期。

萌芽期（1994—2002 年）：1994 年，中国实现了与互联网的全功能连接，正式成为国际上第 77 个拥有全功能互联网的国家。在这一时期，政府大力支持互联网发展，高度重视互联网基础设施建设，中国的互联网行业开始崛起，诞生了一系列日后的互联网龙头企业，如搜狐、网易、阿里巴巴、百度、腾讯等，这些企业不断发展壮大，形成了中国数字经济的基本格局，即“门户 + 社区 + 电商 + 社交 + 游戏 + 文娱 + 搜索”。另外，这一时期中国的数字经济发展模式较为单一，初创企业模仿国外成功商业模式的现象比比皆是，流量争夺和用户积累是企业间的核心竞争内容，技术创新和产业协调尚未得到足够重视。

发展期（2003—2012 年）：在这一时期，中国的数字经济得到了空前发展，以网络零售为代表的电子商务带动数字经济由萌芽期进入新的发展期。2003 年，阿里巴巴集团投资创立“淘宝网”，并推出第三方支付平台“支付宝”，凭借成功的本土化商业模式迫使 eBay 等国外平台退出中国市场，并在日后逐渐成为 C2C 电子商务平台和第三方支付领域的龙头。2005 年，我国上网用户总数突破 1 亿，2008 年 6 月底网民数量达到 2.53 亿，超过美国跃居世界第一位。2006 年，中国网络零售额突破千亿元大关；2007 年，国家发布《电子商务发展“十一五”规划》，将电子商务行业确定为国家重要的新兴产业；凭借 50% 以上的增速，2012 年网络零售额突破万亿元大关。与此同时，新兴业态不断涌现，“微博”“QQ”等网络工具的出现使社会人际关系和人际联络方式发生重大变革，网民个体与社会经济开始前所未有地紧密结合。

成熟期（2013 年至今）：根据中国互联网信息中心发布的报告，截至 2012 年底，中国手机网民规模达到 4.2 亿，使用手机上网的网民首次超过台式电脑，表明中国数字经济发展迈入新的阶段。这一时期表现为对内融合协同发展、对外积极参与全球数字经济治理。一方面，强调数字经济与实体经济的深度融合，推出两化融合、两业融合等多种新兴数字融合发展模式，大数据、虚拟现实和人工智能等数字技术加速渗透到医疗、教育、交通、服务等各个行业，催生了远程诊疗、在线教育、在线叫车等多种新业态；另一方面，2016年出台的《二十国集团数字经济发展与合作倡议》明确了数字经济的内涵以及中外合作的原则和共识，表明了中国坚定不移地推动数字化技术发展、参与全球数字化进程的决心。

当前关于数字经济比较通俗的说法是“数字产业化＋产业数字化”（骆香茹，2022），但随着不断的实践发展，数字经济的内涵有所外延，已经由上述的“两化”发展为“数字产业化＋产业数字化＋数据价值化＋数字化治理”的“四化”，其中“数字产业化”和“产业数字化”是核心，“数据价值化”是基础，“数字化治理”是保障。“数字产业化”是指将各种大数据转化成系统产业，充分发挥数字的经济价值，如“云计算”“大数据”“物联网”“人工智能”等均为数字经济的重点产业。“产业数字化”是指在产业发展过程中，更多地利用互联网大数据来降低生产成本、提高产业生产价值，如“智慧工厂”“电子商务”等产业均是以数字技术为依托的新兴商业模式。“数字产业化”与“产业数字化”二者互为协同、共同推进，前者为后者提供数字基础设施保障和相关技术支持，后者则为前者创造产业发展需求和应用空间。“数据价值化”是指以数据资源为起点，先后历经数据资源化、数据资产化和数据资本化，最终实现数据经济价值的整个过程，目前全球数字价值化的发展尚处于数据资源化的初级阶段。“数字化治理”是指将数字技术、数字基建与政府公共治理相结合，构建数字治理体系，进而提高政府治理效能、保障人民生活安宁、维护社会安全稳定的过程。

类比软件程序结构，数字经济同样拥有“基础层＋平台层＋应用层”的三层架构空间，每个层面都有其特定的功能。“基础层”由数字硬件和数字软件组成，为数字经济的发展提供最基础的应用设施和技术支撑；“平台层”可分为数字云平台、大数据平台和数字应用平台，帮助企业实现市场信息的高效采集和存储及业务的可查可溯，做出最符合市场消费倾向的生产决策；“应用层”可分为个人应用、公共应用和产业应用，不同领域对数字经济的应用也不尽相同。

二、数字经济相关理论

当然，数字经济并非凭空产生，以数据为关键生产要素的数字经济形态在依赖现代科学技术革新的同时，也基于一定的学科理论基础，数字经济在这些理论基础上不断演化并将其融会贯通，最终形成了当前我们所熟知的、符合网络时代潮流的经济形态。数字经济以数字形态的知识和信息作为关键生产要素、以现代信息网络作为重要载体、以现代通信技术作为效率提升和经济结构优化的重要工具推动一系列经济活动开展，与信息经济、网络经济、知识经济、平台经济、共享经济五大基础理论密切相关。

（一）信息经济

信息经济中的“信息”与常规意义上的信息既有所联系又存在一定区别，是指可以依靠信息技术手段获取、传输并进行处理的数字化信息，包括信息生产和信息应用两大类。根据中国信息通信研究院发布的《2015 中国信息经济研究报告》中对信息经济的定义，信息经济是以数字化信息资源为核心生产要素、以信息网络为运行依托、以信息技术为经济增长内生动力，并通过信息技术、信息产品和信息服务与其他领域紧密融合形成的以信息产业、融合性新兴产业以及信息化应用对传统产业产出和效率提升为主要内容的新型经济形态。其中，信息产业和融合性新兴产业为信息生产部分，技术渗透带来的对传统产业产出和效率的提升为信息应用部分。

有关信息经济的研究最早可以追溯至 20 世纪 50 年代末至 60 年代初，在研究之初便有两条分支，一条是以弗里兹·马克卢普（Fritz Machlup）和马克·尤里·波拉特（Mac Uri Porat）为代表的宏观信息经济学，另一条则是以乔治·斯蒂格勒（George Joseph Stigler）和肯尼斯·约瑟夫·阿罗（Kenneth J. Arrow）为代表的西方信息经济学和微观信息经济学，二者分别从基础理论和应用研究的角度互相补充、互相促进，进而奠定了信息经济学的理论基础。经过不断实践和发展，20 世纪 70 年代，大量的信息经济学论著问世，如美国霍罗威茨的《信息经济学》、英国威尔金森的《信息经济学—计算成本和收益的标准》、日本曾田米二的《情报经济学》等，标志着信息经济学的研究正式走向成熟。尽管信息经济学的历史沿革并不算很长，但其一经问世便受到经济学界的广泛关注。20 世纪 80 年代，随着改革开放工作的推进以及对信息产业的重视加深，我国在 1987 年和 1988 年先后两次召开了全国范围内的信息经济学研讨会，并于 1989 年正式成立了中国信息经济学会，自此，信息经济学正式在中国落地生根。

信息经济具有三大典型特征。一是实现了技术经济范式的全新突破，通过网络技术将隐性知识显性化、抽象知识具体化、分散知识系统化，重新塑造并扩展了人与人、人与物、物与物之间的关系，重新搭建了认识世界和改造世界的信息化桥梁。二是信息经济是随着信息技术兴起而产生的一种全新的社会经济发展形态，是信息技术在社会经济各个领域的深度融合应用，即在信息通信网络广泛普及的基础上，以信息技术平台优势推动技术进步、生产效率提升和社会组织变革。三是为新时期的信息化发展提供了更明确的实施路径和手段。信息经济强调互联网、云计算、大数据等新兴技术手段与数据汇集平台的基础性地位和创新性应用，侧重打破企业间、行业间和部门间的信息不对称问题，以实现资源要素的合理高效流动和供给的精准对接，驱动构建开放共赢的生产体系和新型生产关系。

（二）网络经济

网络经济同样是一种建立在计算机网络特别是互联网基础之上的，以现代化信息技术为核心的新经济形态。同信息经济一样，网络经济也是一个将虚拟数据资源实体化的过程，20 世纪八九十年代，随着美国新经济的兴起、信息经济学的深入发展和信息化网络的日渐成熟，网络经济学应运而生。网络经济与信息经济的区别在于，它不仅是指以现代计算机为核心的信息产业的快速崛起，也包括以现代信息技术为基础的所有高新技术产业的迅猛发展以及基于高新技术推广和运用所引起的传统产业与部门间的深刻变革。

一般认为，“网络经济”的概念最早提出于约翰·弗劳尔（John Flower）在 1997 年出版的《网络经济：数字化商业时代的来临》一书。目前，学术界关于网络经济的概念众说纷纭，大概可以分为四大类：网络产业经济、信息产业经济、社会网络的经济学研究以及新型经济形态。总的来看，网络经济可以从狭义和广义两个角度来理解，根据《2020年中国网络经济年度洞察报告》，狭义的网络经济特指以互联网为基础，聚焦于互联网消费领域，依托各类信息技术整合信息资源并通过经济主体的内外部信息网络进行商务活动的经济形态；而广义的网络经济是指以信息网络为基础或平台、以信息技术与信息资源的应用为特征的经济活动，包括非互联网的网络经济活动，只要是受益于网络信息与技术的经济活动，都可以称为“网络经济”。

网络经济具有以下六大特征。第一，网络经济是创新推动型经济，这里的“创新”不仅指技术创新，也包括由技术创新带来的社会经济方方面面的组织创新（如企业经营创新）、市场创新（如二板市场）和制度创新（如风险投资制度、企业员工持股制度）。第二，网络经济是高渗透型经济，信息网络技术的快速发展使传统的第一产业、第二产业和第三产业间的界限变得不再那么清晰，产业间的融合发展速度变得更快，衍生了许多新兴业态，甚至学术界专门提出了“第四产业”，用以代指信息产业。第三，网络经济是一种高效率经济，突破了传统的国家和地域界限，打破了时间和空间的阻隔，做到了以最快速度同时实现信息的采集、传输和处理，减少市场摩擦和交易成本，极大地提高了经济运行效率和国家间的依存度，加快了经济全球化的进程。第四，网络经济具有可持续性，不同于传统工业生产，网络经济在运行过程中不会产生污染排放、资源浪费等问题，可以有效避免对生态环境造成危害，实现社会经济的长期、协调、可持续发展。第五，网络经济的边际效益是递增的，传统部门行业的生产边际效益一般都呈现为先递增、后递减的“倒U”形曲线，而网络经济却与之相反，这主要体现在网络成本方面：一是信息网络可以长期使用，其建设成本与入网人数、使用频率无关，因此随着网络使用人数的增加，其平均建设成本会相应下降，但总收益会随之上升；二是网络信息收集和处理的成本尽管会随入网人数的增加而上升，但人数带来的边际成本抵不过其带来的边际收益，因此总的边际收益仍呈上升趋势。第六，网络经济本质上是虚拟经济，传统虚拟经济（如股票、债券、期货等）是商品虚拟化带来的结果，而网络经济的虚拟性来自互联网本身引起的交易空间、交易流程虚拟化，网络虚拟经济是实体经济的另类分工，与实体经济相互依存、相互促进，但是，网络虚拟经济与传统虚拟经济一样，都具有一定的泡沫性。

（三）知识经济

在农业经济时代和工业经济时代，经济增长主要依靠能源、原材料和劳动力等物质基础。第二次世界大战后，世界迎来了短暂的相对和平时期，世界经济得以复苏，加之科学技术进步，促使许多学者开始考虑科学知识对社会经济发展的作用及二者间的相互关系，继而有了知识经济的演化雏形。当前关于知识经济比较主要的说法是经济合作与发展组织（OECD）在 1996 年的年度专题报告中提出的“以知识为基础的经济”（Knowledge-based Economy），报告认为，知识经济的发展直接依赖于知识和信息在生产过程中的传播与应用，即知识经济是相对于农业经济和工业经济而言，建立在知识和信息的生产、分配与使用基础上的一种经济形态。从生产要素的角度出发，相较于劳动力、土地、资本等要素，知识经济对经济增长的贡献更大，尤其是随着信息技术和网络技术的发展，知识在推动经济长期增长的过程中起着越来越重要的作用。

关于知识经济与信息经济的关系，学术界看法不一。第一种观点认为知识经济与信息经济是一种本质相同、称谓不同的经济；第二种观点认为知识经济与信息经济是两种不同的经济，二者包含的产业也各有侧重；第三种观点认为知识经济包含于信息经济之中，知识产业是信息产业的一个重要组成部分；第四种观点则正好与第三种观点相悖，认为知识经济虽以信息经济为基础，但其内涵更为丰富。但是，知识经济与信息经济的关系应取决于知识与信息之间的关系。首先，信息是人脑对于自然万物的认知，只有经过大脑提取和加工，才能变为知识，信息是知识形成的基础；其次，信息包括人的实践能力，是人类所特有的，强调人的主观能动性对经济发展的作用，而信息则不然，其更多的是强调人和自然界、社会经济之间的客观联系；最后，知识具有一定的经验性质，部分隐性知识只能为特定人群所感知，而无法转化为信息并进行传播。因此，知识经济与信息经济的关系可以概括为：知识经济是以信息经济为基础，侧重对已有的信息资源进行挖掘、加工和应用的信息经济的高阶形态。

知识经济同样具有六大标志性特征。一是资源利用智力化，知识经济是以知识、人力等智力资源为资源配置要素的经济，能更高效地利用现有自然资源并且更合理地开发富有的、尚待利用的自然资源。二是资产投入无形化，知识经济以智力、信息等无形资产作为经济活动中的主要投入，无形资产的核心便是知识产权。三是知识利用产业化，知识经济的发展必然会推动社会产业逐步由劳动密集型、资本密集型向知识密集型转变，利用知识和信息开发的知识产品将会为社会带来远超以往的物质财富，成为创造社会财富的主要形式。四是企业发展虚拟化，知识经济时代的企业发展主要依靠技术攻坚，传统的厂房、设备等物质资本要素不再是企业发展的必需品。五是经济发展可持续化，同信息经济和网络经济一样，知识经济在创造社会财富的过程中也具有低消耗、低污染、高效率的生态环境效益。六是世界经济全球化，知识经济同样具有压缩时空的功能，知识的传播共享和以知识产权的转让、许可等为代表的无形商品贸易使世界各国更为紧密地联系在一起。

（四）平台经济

平台经济是数字技术和企业数字化的衍生品，是一种基于数字技术，由数据驱动、平台支撑、网络协同的经济活动单元构成的新经济系统，是基于数字化平台的各种经济关系的总称，也是对传统经济组织的升级和对传统经济形态的革命。门户平台（如搜狐、百度）、电商平台（如淘宝、京东）、社交平台（如 QQ、微信）、游戏平台（如 Steam、Wegame）等各种平台的兴起催生了对平台经济的理论研究。平台本身并不存在实体，也并不直接参与产品生产，其本质上是市场的一种具象化表现，通过信息传递、要素共享促成双方或多方的交易并获得一定收益，进而推动经济发展。在平台经济中，平台的价格结构将直接影响交易量，因此，平台可以通过设置合理的价格结构形式调整交易量，推动平台竞争力的提升。

平台经济的特征主要表现在以下四个方面。第一，平台经济属于典型的双边市场，两边分别对应商家和消费者，平台负责汇集社会资源、匹配供求关系，为交易双方节省搜寻成本和机会成本，实现客户价值和平台价值的最大化；反之，作为中间人的平台，如果手握资源过多且缺乏外部平台竞争，也容易出现垄断、捆绑销售等负面行为。第二，平台经济存在较强的规模性，由于交叉网络外部性和锚定效应的存在，一方的客户数量会对应影响另一方的客户数量，如果平台利用技术等优势占据较大市场份额，就会出现强者愈强、弱者愈弱的现象，而事实上这种现象在当下平台经济中并不少见；同时，市场的高度集中有利于降低交易双方的交易成本、提高交易效率和经济运行效率。第三，平台经济具有类公共属性，具有一定的非排他性和非竞争性，一方的进入一般不会影响另一方的进入。第四，平台经济强调数据要素的重要性，平台的运行不可避免地要进行大量的数据运算，这一点与信息经济、网络经济等经济形态具有同样性质。

由于当前经济平台大多为私人建立，加之平台具有自然垄断和规模经济的属性，为了保证平台经济的健康稳定运行，针对上述主要特征，平台经济有以下几个大重点监管领域。一是价格形成领域，要规范平台服务价格、提高平台服务水平、推动平台形成合理的价格机制、防止平台出现垄断定价等损害市场主体权益的行为。二是企业治理领域，平台企业的运行发展模式不能与常规企业一视同仁，尤其是考虑到许多平台涉及公共治理领域，因此推动企业治理优化是保证平台经济稳定运行的一剂良药。三是数据安全领域，数据是搭建平台的基石，数据风险在当下社会经济的运行过程中必须审慎对待，平台经济在运行过程中对数据的收集、处理和使用必须以保证数据安全为前提。

（五）共享经济

共享的概念由来已久，传统社会的物品借出、信息传递等行为都可以称为“共享”。共享经济的概念最早来自美国得克萨斯州立大学社会学教授马科斯·费尔逊（Marcus Felson）和伊利诺伊大学社会学教授琼·斯潘思（Joel Spaeth）于 1978 年发表的论文——《社区结构与协同消费：一种常规活动方法》。共享经济是指部分机构或个人在拥有闲置资源的情况下，为了充分发挥资源的经济效益，将其有偿转让给他人使用并获得一定的经济报酬。在共享经济中，强调商品处于闲置状态，闲置状态是指机构或个人的物品暂时没有被使用，处于可以随时转让的状态，因此闲置资源是连通市场交易双方的桥梁，是共享经济的第一要素和最关键要素（另外四大要素分别为使用权、连接、信息和流动性）。早期的共享经济受制于时间和空间的限制，也依赖于交易双方的商业信任关系，其经济运行效率还有很大改进空间。随着互联网和第三方支付手段的兴起，以及生产力水平的提高导致资源过剩、中低收入人群对廉价服务需求扩大等问题，现如今的共享经济主要是通过数字技术搭建数字平台，吸纳社会各方的闲散资源并进行供需双方的精准匹配，使买卖双方分别获取商品使用权和经济报酬，最大化闲散资源的利用效率，实现生产要素的社会化。共享经济与平台经济有异曲同工之妙，都借助于一定的第三方平台，像如今的滴滴打车、共享单车、共享充电宝、共享 Wi-Fi 等商业模式都是共享经济的典型代表，层出不穷的共享模式正成为促进经济社会可持续发展的重要手段。

共享经济具有以下三个特征。第一，共享经济是一个包括供需双方和第三方平台在内的多主体参与经济。从市场的角度来看，任何有商品需求的人都是共享经济的潜在需求方，任何手握闲置资源的人或机构也都是共享经济的潜在供给方，同时，第三方平台本身虽并无产出，但可以通过有效整合资源数据，实现供需双方的精准衔接，重塑双方的商业信任关系，进而推动交易的发生。第二，共享经济既是“去中介化”的过程，也是“再中介化”的过程。一方面，共享经济不依赖于传统的商业机构，共享平台的出现推动了商业活动的“去中介化”；另一方面，平台本身可以看作共享经济双方的“新中介”。以贷款平台为例，共享经济的出现让传统的实体金融机构（如银行等）不再成为必需，共享经济的主体双方可以通过网络贷款平台实现线上融资，以满足交易需求。第三，共享经济商业模式的核心基础是“闲置 + 使用 + 报酬”。共享经济的卖方出售闲置资源的使用权以获取经济报酬为目的，同时，买方只拥有闲置资源的使用权而非所有权，而共享平台则是通过维持这种经济运行模式赚取佣金报酬。

（六）长尾理论

长尾理论是一种产生于数字时代的新理论。“长尾”一词最早提出于2004年，Anderson用此概念描述亚马逊、Netflix等互联网企业在数字经济时代的运营模式，指出以上企业运营模式存在以下特点：相较于更引人注意的热门商品，冷门商品不断积累可能会形成更大的市场规模。正如Anderson在著作中提到，“够多的非热门产品组合在一起能够形成一个与热门市场比肩的大市场”。形成的正态分布图如图2-1所示，图中正态分布曲线的凸起区域表示长尾理论中的“头部”，而正态分布曲线较平缓的部分则表示“尾部”。“尾部”市场累加可能会形成比“头部”市场更大的市场空间，换句话说，细小市场的积累形成比“头部”市场更大的市场需求规模。但是现实情况下，在“二八定律”影响下，需求量小的“尾部”商品往往受到主流市场忽视，是市场综合考量成本与效率的体现。

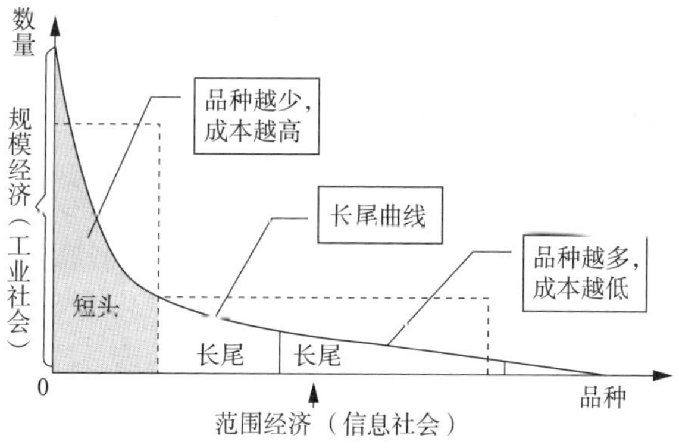

图2-1 正态分布

然而，数字技术的不断创新和数字要素在各领域的合理运用为长尾理论实践提供了可能性。第一，数字技术的广泛使用丰富了生产者的数量和形态。数字技术突破时空限制的特点有利于拓展数字经济生产者的边界，为所有接触互联网的群体提供可能。第二，作为信息传播工具，互联网加速了长尾市场的流通性。在时间积累和空间不断扩张的过程中，互联网信息的累积量不断增加，并且几乎不会产生过多的成本，当互联网群体转变为数字经济的生产者时，互联网又为生产者提供有利的传播工具，进一步加快长尾市场的流通。第三，数字技术有利于克服信息的不对称性，减少搜索成本，使原有的产品供给单方面输出模式转变为产品供需双方的双向流动。因此，数字经济的兴起推动了长尾市场成本的降低和效率的有效提升，有利于产品和服务的多样化，为经济增长与高质量发展提供了支撑。

三、发展数字经济的重大意义

（一）培育经济增长新动能

伴随数字经济的发展，依托新一代信息技术，交通、零售、教育、医疗等诸多行业的新模式、新业态持续涌现，为我国培育了又一大经济增长点。我国数字经济规模和占GDP比重的不断上升印证了数字经济在我国当前经济发展过程中的斐然地位。未来伴随着新一轮信息技术的成熟和应用以及短板弱项的补齐，越来越多的新兴行业将会为我国的区域协调发展和整体经济发展注入源源不断的动力，为我国的高质量发展道路打下坚实基础。

（二）畅通经济发展大循环

在商品经济时代，生产、分配、交换、消费是社会再生产的四大环节，由于时间和空间的阻滞，商品在各个要素环节的流通效率还有待提高，数字经济凭借独特的信息化、网络化和高扩散化优势，能够最大限度地减小时空成本，促进各种生产要素在四大环节的有效流通和衔接，推动生产、生活方式的深刻变革。在当前国际贸易保护主义盛行、贸易壁垒高筑、全球市场萎缩的经济背景下，大力发展数字经济是践行我国“双循环”理念、构建新发展格局的重要手段。

（三）助推传统产业新转型

在我国传统产业日渐式微、经济下行压力逐渐增大的背景下，数字经济与实体经济的深度融合带来的新产业、新模式是推动我国供给侧结构性改革、经济发展持续稳中向好的重要手段。随着近年来我国人口红利逐渐消失，传统产业劳动力成本的上升和资源储备的下降导致企业的生产成本日渐提高，数字经济凭借数字技术与传统产业相融合，能够极大地节约企业的人力成本和搜寻成本，帮助企业快速实现信息要素的有效整合，提高资源利用效率，从而缩减生产成本，实现资源利用的最高配置和产业结构的转型升级。同时，数字技术向传统产业的渗透可以帮助企业开拓新兴业务，从市场出发提高企业的业务创新水平和技术创新水平，助推传统产业向效率化、绿色化、技术化转型。

（四）造就就业吸纳新动力

数字经济的快速发展为我国造就了一大批新兴就业岗位。根据《2022 中国数字经济人才发展报告》，2022 年，中国数字经济人才的从业数量接近 3000 万人，间接带动 2.74 亿人就业；据《“十四五”数字经济发展规划》估算，到 2025 年，中国数字经济人才的从业数量约达到 4500 万人，吸纳的就业人数将达到 3.79 亿人。这一数据有力地说明了数字经济对于提高我国就业率、实现我国就业目标具有重要意义，同时数字经济发展的市场需求也倒逼了我国数字人才培养进度的加快。

（五）构筑国家竞争新优势

当前世界各国是一个紧密联系的命运共同体，但在互相依赖的同时也不乏相互竞争，数字经济正在重塑全球经济竞争格局，其在开拓广泛国际合作空间的同时，也成为新时代国际竞争的筹码。大力发展数字经济、培养相关人才、实现数字精尖技术的突破，是在当前国际背景下抢占时代发展先机、掌握时代发展话语权、占领时代发展制高点的必由之路，也是推动国际数字化水平提高、携手共建人类网络空间命运共同体的必由之路。

第三节　数字经济助推县域高质量发展的理论逻辑

数字经济和县域高质量发展是当前我国国家战略层面的两大发展重点，二者并不是各自为营，而是通过各类生产要素紧密地结合在一起。作为我国区域发展和整体高质量发展的基石，县域为数字经济的发展提供了基本空间保障和要素支撑，使数字经济与地区实体经济的高效结合成为可能，进而推动数字经济的快速发展。同样地，县域高质量发展离不开数字经济的助力，作为继农业经济和工业经济之后的又一大主要经济形态，数字经济已然成为助推县域高质量发展的中坚力量，对县域经济、政府治理、公共服务、城乡融合以及生态环境等各方面的长期可持续发展起着不可忽视的作用，大数据、云计算以及区块链等新兴数字技术正为县域发展格局和人民生活方式带来一场深刻的变革。图 2-2 详细阐述了数字经济助推县域高质量发展的理论逻辑。

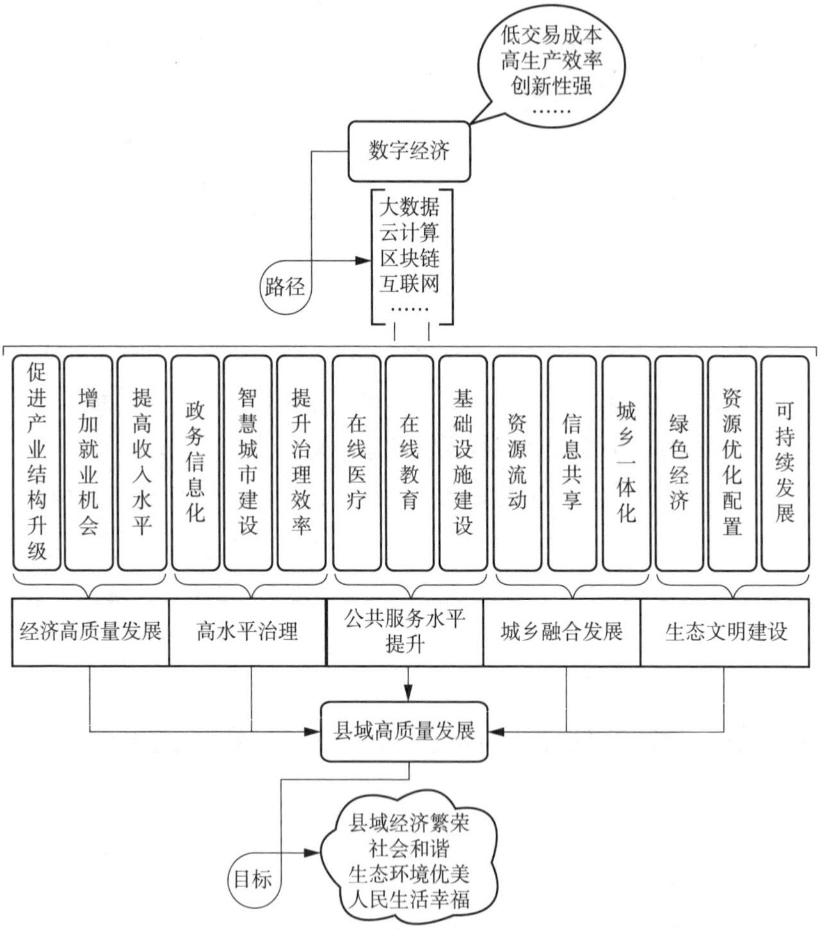

图 2-2　数字经济助推县域高质量发展的理论逻辑

一、数字经济助推县域经济高质量发展

数字经济对县域高质量发展最直接，也是最显著的影响便是其对县域经济高质量发展的推动，通过降低交易成本、增加生产要素及拉动投资，提高全要素生产率对高质量发展产生直接经济效应，同时，数字技术是科技革命创造的成果，带来了新一轮的技术革新，并以数字化方式实现了各方面的创新。当前我国县域的经济发展普遍面临经济形态单一、产业结构不合理、产业基础薄弱、生产效率低下、规模效益不足、科技创新能力低下以及人才匮乏等问题。一方面，数字经济凭借独特的强渗透性，能够与县域传统工农产业相结合，打造具有县域特色的数字 IP，衍生出如“直播 + 工农业产品销售 + 网店”等各种新业态，丰富县域经济形态、夯实县域产业基础、推动县域产业结构转型升级。再者，县域人民生活水平的提高是县域高质量发展的一个重要评判标准，新业态的出现意味着新经济发展点和新兴就业岗位的出现，数字经济与县域实体经济的融合衍生可以有效带动地区百姓的就业和增收、重塑地区就业结构、缩小城乡收入差距、促进县域共同富裕。另一方面，数字经济具有广覆盖性的特点，可以通过完整的数字产业链打通县域经济发展的各个关键节点，更好地整合县域及其所在都市圈的要素资源，推动县域商业、文化、旅游融合，打造更多的消费场景，形成“产业、城乡、区域”三位一体的协调发展战略。数字经济依靠数字技术手段，可以节省县域企业在信息收集、基础设施、运营维护等方面的成本，重塑商业信任关系，让企业的决策规划有所依，从而大幅度提高县域经济运行效率。与此同时，创新是发展的第一动力，与传统经济形态相比，数字经济具有高创新性，数字技术在县域经济发展中的应用及其对社会和人民生活带来的深刻变革可以有效改善县域创新环境、带动万众创新创业，进而推动县域科技创新、产业创新和人才创新，为县域整体高质量发展提供坚实依靠。

二、数字经济助推县域高水平治理

县域是我国行政管理体制的基础单元，基层治理是国家治理的基石，而县域治理则是连接国家治理和基层治理的枢纽，对于维护社会稳定和国家长治久安具有重要意义。数字经济可以加快打造成果共享的数字化社会治理模式，数字经济的跨时空信息传播、数据共享，有利于社会公共资源的优化组合和合理流动、拓宽公共服务的广度和深度，从而促进城乡协调发展，与此同时，基于数字技术产生的智慧医疗、在线教育、经济等新业态提高了居民的便利性、获得感和幸福感。一方面，随着我国工业化和城镇化进程的不断加快，越来越多的农村劳动力涌入城市，县域人口的老龄化和空心化趋势不断加剧，县域人民幸福感和获得感的缺失成为阻碍县域发展的一大难题；另一方面，受限于县域发展水平和县域尤其是农村地区人民的受教育水平，县域治理长期以来一直存在着政府和居民（村民）间的信息不对称问题，居民（村民）对政务信息了解不及时、不充分，政府、居委会（村委会）也不能及时充分地了解民意，导致了县域治理效能不足、效率低下等问题。数字经济与县域实体经济相融合，为县域提供了更多就业岗位，越来越多的外出务工人员和毕业大学生开始返乡就业、返乡创业，一定程度上缓解了县域的人口老龄化问题，推动了县域“去空心化”进程，为县域高质量发展注入了新的活力。根据《中国数字乡村发展报告（2022 年）》，2021 年全国数字乡村发展水平为 39.1%，农业生产信息化率为 25.4%，全国六类涉农政务服务事项在线办事率达 68.2%，“互联网 + 政务服务”快速向乡村地区延伸，政务服务的乡民在线双向互动已经成为县域治理发展的重要方向，推动乡村数字化治理效能不断提升。数字技术的应用和数据共享推动了数字政府建设，创新了县域治理理念和模式，提升了政府的市场监管能力和社会管理能力，打造了县域治理新格局，大大减小了政府和居民（村民）间的信息传递阻碍，提高了政府一体化政务服务和治理效能，真正实现了“政策有所通、民意有所达”。

三、数字经济助推县域公共服务水平提高

我国许多县域的基本公共服务水平有待提高、百姓生活保障能力不足，尤其是经济发展相对落后的偏远县域，普遍存在教育、医疗、文化、体育等资源缺失的问题，导致县域人口大量流出，经济发展受到阻碍。“读书难、看病难”等老大难问题始终是横亘在县域高质量发展道路上的一块巨石，提升县域基本公共服务水平、推动县域基本公共服务均等化是提高县域人民生活保障、推动县域经济发展以及实现县域共同富裕的重要基础，更是县域高质量发展的重要基础。数字经济的发展可以有效推动县域公共服务模式创新、提升县域公共服务水平。随着县域网络基础设施建设的加快和覆盖面积的延伸，截至 2021 年 11 月底，我国现有行政村已全面实现“村村通宽带”；截至 2021 年底，超过 99% 的村实现光纤和 4G 网络双覆盖，超过 97% 的县城城区和 40% 的乡镇镇区实现 5G 网络覆盖（崔爽，2021）；根据《中国数字乡村发展报告（2022 年）》，截至 2022 年 6 月，我国农村互联网普及率达 58.8%，城乡互联网普及率差距与“十三五”初期相比缩小了近 15 个百分点。“互联网 + 医疗”“互联网 + 教育”等新模式的出现有效缩小了县域和大城市间的医疗、教育资源差距，促进了县域基本公共服务均等化，同时数字技术的精确应用及其带来的经济效益可以加快县域各方面的基础设施建设工作，推动生活服务快速发展和公共服务保障能力全面提升。

四、数字经济助推县域城乡融合发展

当前，我国县域城乡发展不平衡、不充分的矛盾依然广泛存在，究其原因是县域城乡之间的要素流动受制于时间和空间阻碍。不同于传统经济发展模式，数字经济可以打破时空阻碍、推动城乡要素充分流动，从而形成县域城乡产业的垂直分工，加速县域城乡产业融合，充分发挥县城对农村的经济带动作用以及农村对县城的资源支撑作用。县域城乡数字建设的统一化和标准化可以有效提升城乡融合效率，“智慧城市”平台和“数字

乡村”平台的互通互联及各种城乡信息传递的“云平台”建设有助于城乡间的信息传递共享以及各种要素实现在城乡间的最佳配置。同时，数字技术可以有效引导县域城乡公共资源的流动和合理化分配，推动构建县域城乡公共服务体系的新布局，提高县域城乡间的普惠化水平，让城乡之间尽可能地形成资源共享、要素共享、服务共享的融合发展新局面。

五、数字经济助推县域生态文明建设

在“绿水青山就是金山银山”的思想引领下，生态文明建设已然成为经济发展过程中考虑的基础性因素。传统的粗放式县域经济在发展过程中往往伴随着高污染、高能耗和高资源消耗，这种发展只顾眼前利益而忽视了县域的长期可持续发展，对县域的生态环境造成了严重损害。高水平的生态文明建设不仅可以在县域的长期发展过程中将自然资源禀赋转化为发展红利、提高县域经济运行效率，更是改善县域人居环境、提升居民幸福感、营造良好整体发展环境的必要手段。区别于典型的资源、劳动密集型产业，数字经济更多地集中于资本密集型产业，具有较强的集约属性和绿色属性，县域传统产业的数字化转型往往代表着经济效率提高、资源消耗减少和生态环境改善，新兴的数字产业模式和数字科技手段大多也具有绿色低碳可循环的特点，大力发展数字经济能够加快县域产业结构和能源结构的转型，推动县域构建绿色高质量发展格局。另外，我国县域众多，地域差异明显，县域内特别是乡村地区的生态情况往往十分复杂多变，各种生态环境数据难以全面统计，生态监管也面临效率低下、无法面面俱到等情况，而依托云计算、大数据、物联网等数字技术手段可以建立各种关于生态环境的数据库和数字平台，高效便捷地获取县域内各地区、各维度的生态数据，进而提高政府的生态监管能力和生态治理能力，帮助政府更科学地制定各种生态政策。同时，大数据的广泛应用可以有效推动传统能源向智慧新能源迈进、加快能源向清洁低碳化方向转型，从而提高资源利用效率、促进节能减排、降低生态环境污染，推动县域整体生态文明建设进入新阶段。

第三章

河南省县域高质量发展与数字经济发展的动态演变及存在问题

第一节 评价指标体系及数据

一、评价指标体系构建

（一）数字经济发展指数

数字经济是以数据为关键生产要素，以平台经济、共享经济为主要新兴商业模式，注重生产力与生产关系的重构，通过数字产业的创新突破与其他领域产业的深度融合，持续推动产业链上下游全要素效率提升、实现数字化转型升级的一系列经济和社会活动。

目前，数字经济发展水平在学术界尚未形成统一的评价标准。数字产业化和产业数字化是数字经济的核心内容，是数字经济发展水平的主要评判标准，同时，数字基础设施是推动数字经济发展的基本保障。因此，为了充分体现河南省县域数字经济发展水平，本书参照既有研究（赵涛等，2020；潘为华等，2021；许宪春、张美慧，2020；万晓榆、罗焱卿，2022），构建了包含上述三个一级指标以及人工智能企业数量（个）、移动电话年末人数（户）、互联网宽带接入户数（户）和数字普惠金融发展指数四个具体指标的评价指标体系（见表 3-1）。如无特别说明，后续实证章节均采用本数字经济发展指数作为核心解释变量。

表 3–1 数字经济发展水平指标体系

目标层	一级指标	具体指标
数字经济发展水平	数字产业化	人工智能企业数量（个）
	数字基础设施	移动电话年末人数（户）
		互联网宽带接入户数（户）
	产业数字化	数字普惠金融发展指数

（二）县域高质量发展指数

高质量发展内涵丰富，学术界分别从单一或多维角度衡量经济高质量发展水平，但以全要素生产率代表经济高质量发展水平的表征具有片面性，囿于此，本书采用多维度评价体系。除经济高质量发展外，县域高质量发展还包括县域社会高质量发展、环境高质量发展和民生高质量发展等方面，因此，本书借鉴既有研究（李梦欣、任保平，2019；任保平，2018；李金昌等，2019；公丕明，2023），从经济质效、创新驱动、结构优化、绿色发展以及民生和谐五个维度出发，共设置 17 个具体测度指标综合评价河南省县域高质量发展水平（见表 3–2）。其中，经济质效包括消费贡献率（以社会消费品零售总额与 GDP 之间的比值代表）、GDP 增长速度和服务业增长值占比（以第三产业增加值占 GDP 比重代表），创新驱动包括规模以上工业企业数、教育投资（以财政教育支出比例代表）和专利数，结构优化包括城镇化率（以城镇常住人口总数与总人口数之间的比值代表）、产业高级化指数（以第三产业产值和第二产业产值之间的比值代表）和产业结构合理化指数（以泰尔指数代表），绿色发展包括化肥减量（以本年化肥施用量和去年化肥施用量之间的差值代表）、农药减量（以本年农药使用量和去年农药使用量之间的差值代表）和空气质量指数（以 PM2.5 年度均值代表），民生和谐包括城乡收入比（以城乡人均收入比值代表）、人均卫生机构数（以总卫生机构数和总人数之间的比值代表）、人均医院或卫生院床位数（以总床位数和总人数之间的比值代表）、各种社会福利收养性单位床位数和每万人中小学专任教师数量（以中小学教师数量除以 10000 表示）。

熵权法可以用熵值来判定一个指数的离散性，它的值越低，则该指数的离散性越大，对整体评估的作用越大。因此，我们可以通过信息熵确定各指标的权重，从而为多项指标的综合评估奠定基础。以县域高质量发展水平为研究对象，设定有 a 个评价对象、b 个评价指标，以 $X_{ij}(i=1,2,\dots,n;j=1,2,\dots,m)$ 表示第 i 个评价对象、第 j 个评价指标。具体计算步骤如下。

第一步，对数据进行无量纲化处理。

$$Z_{ij}=\frac{X_{ij-}\min\left(X_{ij}\right)}{\max\left(X_{ij}\right)-\min\left(X_{ij}\right)} \quad (3.1)$$

$$Z_{ij}=\frac{\max\left(X_{ij}\right)-X_{ij}}{\max\left(X_{ij}\right)-\min\left(X_{ij}\right)} \quad (3.2)$$

式（3.1）和式（3.2）分别用于正向指标处理和负向指标处理，X_{ij} 代表数字经济系统和县域高质量发展系统中的原始值，$\max\left(X_{ij}\right)$ 和 $\min\left(X_{ij}\right)$ 代表原始值中的最大值与最小值，Z_{ij} 代表数据标准化的数值。

第二步，分别计算各项指标 X_{ij} 在数字经济系统和县域高质量发展系统中的比重 P_{ij}，即第 i 年第 j 个评价指标值在所有被评价指标对象第 j 个指标值总和中的比例。

$$P_{ij}=\frac{Z_{ij}}{\sum_{i=1}^{m}Z_{ij}} \quad (3.3)$$

第三步，计算第 j 个指标的熵值。

$$e_j=-\frac{1}{\mathrm{Lnn}}\sum_{i=1}^{n}P_{ij}\times \mathrm{Ln}P_{ij},\ \ 0\leqslant e_j\leqslant 1 \quad (3.4)$$

第四步，计算第 j 项指标的差异系数。

$$d_j=1-e_j \quad (3.5)$$

第五步，确定权重系数。

$$W_{ij}=\frac{d_j}{\sum_{i=1}^{m}d_j},\ \ j=1,\ 2,\ \cdots,\ m \quad (3.6)$$

d_j 表示不同因子，其数值愈小，则表示该指数在综合评估系统中所占的比重愈低，W_{ij} 就是各指标的最终权重系数。

第六步，采用线性加权法分别计算数字经济与县域高质量发展的综合发展水平，公式如下：

$$u_i = \sum_{j=1}^{m} \left(W_J \times Z_{ij} \right) \tag{3.7}$$

通过上述熵权法步骤，计算得出经济质效、创新驱动、结构优化、绿色发展以及民生和谐五个维度的权重分别为 0.0471、0.3846、0.3244、0.0362、0.2077。如无特别说明，后续实证章节均采用本县域高质量发展指数作为被解释变量。

表 3-2　县域高质量发展水平指标体系

<table>
<tr><th></th><th>具体测度指标</th><th>权重</th><th>指标计算方法</th><th>性质</th><th>权重</th></tr>
<tr><td rowspan="3">经济质效</td><td>消费贡献率</td><td rowspan="3">0.0471</td><td>社会消费品零售总额 /GDP</td><td>正</td><td>0.0196</td></tr>
<tr><td>GDP 增长速度</td><td></td><td>正</td><td>0.0037</td></tr>
<tr><td>服务业增长值占比</td><td>第三产业增加值占 GDP 比重</td><td>正</td><td>0.0238</td></tr>
<tr><td rowspan="3">创新驱动</td><td>规模以上工业企业数</td><td rowspan="3">0.3846</td><td>规模以上工业企业数</td><td>正</td><td>0.0729</td></tr>
<tr><td>教育投资</td><td>财政教育支出比例</td><td>正</td><td>0.0647</td></tr>
<tr><td>专利数</td><td>专利数</td><td>正</td><td>0.2470</td></tr>
<tr><td rowspan="3">结构优化</td><td>城镇化率</td><td rowspan="3">0.3244</td><td>城镇常住人口数 / 总人口数</td><td>正</td><td>0.0520</td></tr>
<tr><td>产业高级化指数</td><td>第三产业产值 / 第二产业产值</td><td>正</td><td>0.2275</td></tr>
<tr><td>产业结构合理化指数</td><td>泰尔指数</td><td>正</td><td>0.0449</td></tr>
<tr><td rowspan="3">绿色发展</td><td>化肥减量</td><td rowspan="3">0.0362</td><td>本年化肥施用量 − 去年化肥施用量</td><td>正</td><td>0.0032</td></tr>
<tr><td>农药减量</td><td>本年农药使用量 − 去年农药使用量</td><td>负</td><td>0.0027</td></tr>
<tr><td>空气质量指数</td><td>PM2.5 年度均值</td><td>正</td><td>0.0303</td></tr>
<tr><td rowspan="5">民生和谐</td><td>城乡收入比</td><td rowspan="5">0.2077</td><td>城乡人均收入比</td><td>负</td><td>0.0239</td></tr>
<tr><td>人均卫生机构数</td><td>总卫生机构数 / 总人数</td><td>正</td><td>0.0283</td></tr>
<tr><td>人均医院或卫生院床位数</td><td>总床位数 / 总人数</td><td>正</td><td>0.0250</td></tr>
<tr><td>各种社会福利收养性单位床位数</td><td>各种社会福利收养性单位床位数</td><td>正</td><td>0.0835</td></tr>
<tr><td>每万人中小学专任教师数量</td><td>中小学教师数量 /10000</td><td>正</td><td>0.0470</td></tr>
</table>

二、数据来源及说明

本书以河南省 103 个县域为研究样本，以 2013—2021 年为研究区间，构建了共 9 年的面板数据。有关数据全部来自《中国县域统计年鉴》、《河南省县域统计年鉴》、国家知识产权局、北京大学数字经济指数、国泰安数据库、中经网数据库、河南省各县市的统计年鉴及政府有关文件等。针对收集数据中的缺失值，利用插值法进行填补。如无特别说明，本书后续实证章节所用数据均以此为标准。

第二节 河南省县域高质量发展水平及时空特征分析

一、发展水平特征分析

（一）示范引领县、整体推进县、巩固提升县三类县域高质量发展水平分析

根据 2021 年《中共河南省委农村工作领导小组关于分类推进乡村振兴的通知》，将河南省划分为 27 个示范引领县（将原通知划分 30 个中的长垣市、许昌市建安区、济源市去除）、43 个整体推进县以及 33 个巩固提升县（将原通知划分 34 个中的周口市淮阳区去除），并分别探讨其高质量发展水平。

由图 3–1 可以看出，河南省县域高质量发展指数总体均值从 2014 年的 0.1260 增长为 2021 年的 0.1616，呈现出缓慢增长的趋势。从三类县域来看，示范引领县的高质量发展水平不仅显著高于整体推进县和巩固提升县，也高于河南省县域高质量发展指数的总体均值，但发展水平最好的示范引领县也仅是从 2014 年的 0.1493 增长到 2021 年的 0.1922，增长幅度相对较小；整体推进县的高质量发展水平及增长速度基本上和河南省县域总体相当，在河南省内处于相对平均的位置；巩固提升县的高质量发展水平

在三类县域中最低，同时显著低于河南省县域的平均水平，其2021年的高质量发展水平仅略高于2014年的高质量发展指数总体均值，但其和整体推进县之间的差距近年来有所减小。

总的来说，河南省县域高质量发展水平整体较低且增长速度缓慢，同时，三类县域间的增长速度有所不同，导致河南省县域高质量发展整体上呈现出不平衡现象，示范引领县和巩固提升县之间的差距由2014年的0.0471扩大为2021年的0.0547，这表明河南省县域高质量发展水平虽呈现出稳步增长的态势，但发展水平以及三类县域间的均衡性仍有待提升。

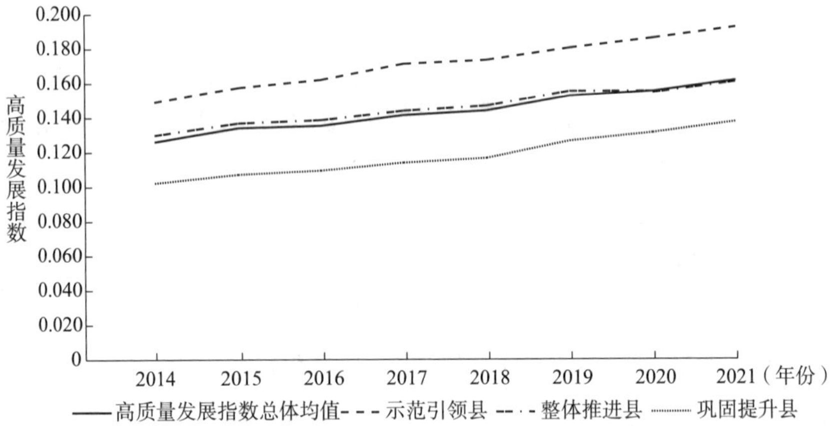

图3-1　2014—2021年示范引领县、整体推进县、巩固提升县高质量发展水平

（二）豫东南西北中县域高质量发展水平分析

为充分体现区位差异，将河南省各县域按照地理位置划分为豫东、豫西、豫南、豫北、豫中五大类并分别进行分析。

由图3-2可以看出，河南省各类县域总体高质量发展水平不高，呈缓慢增长的趋势。从区域来看，2014—2021年，豫东、豫西、豫南和豫北四类县域的高质量发展水平相差不大，豫东、豫西和豫南地区县域在2014年的高质量发展水平分别为0.116、0.118和0.109，均落后于豫北县域的0.126，但经过数年发展，已经逐渐追上并赶超豫北县域；豫中地区县域的高质量发展水平在2014—2021年一直处于领先地位，高质量发展指数从

0.191 增长到 0.241，远高于其余四类县域以及高质量发展指数总体均值，但其增速近年来有所放缓。

总的来看，河南省各地区县域的高质量发展水平在研究期间变化相对有限，但各类县域间的高质量发展水平呈现出明显的地理区位异质性，邻近省会地区的豫中县域在河南省县域高质量发展过程中独树一帜；同时，在其余地区县域加速推进高质量发展工作的过程中，豫北县域却明显出现发展动力不足的现象，逐渐被其他地区赶超，成为河南省县域高质量发展水平排名末尾的地区。

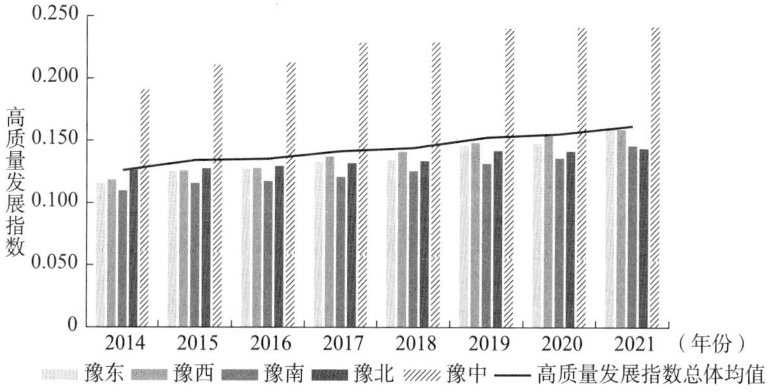

图 3-2　2014—2021 年豫东南西北中县域高质量发展水平

二、时空特征分析

从整体来看，2014—2021 年河南省县域高质量发展水平有很大的提升，呈稳步增长趋势，众多县域围绕着各个市中心呈发散状态，离市中心越近，县域高质量发展水平越高。同时，高质量发展水平较高的县域呈现出明显的市域特征，水平较高的县域大多分布在郑州市、南阳市、商丘市、信阳市等市域。

从区域差异看，河南省各县域间的高质量发展水平具有明显差异。2014 年汝阳县、鲁山县、西华县、唐河县、宝丰县、辉县市、博爱县等县域的经济高质量水平位居全省前列，指数值介于 0.280–0.366 之间，这些县域分布较为松散，未呈明显聚集趋势；高质量发展水平次高的登封市、新郑市、汝州市等县域则更多地分布于豫中地区，这部分县域的指数值介于0.253–0.274之间；豫西和豫北地区县域的高质量发展水平普遍较低，许多县域的高质量发展指数值还未超过0.198。2018年豫中地区西华县、辉县市、永城市等县域的高质量发展指数超过0.314，各区域县域的指数值均有所提升，但总体发展格局较2014年并无太大变化。2021年，豫中地区县域内部也开始出现分化，禹州市、巩义市、荥阳市等县域（指数值介于0.347–0.456）的高质量发展水平与同区域的登封市、新密市等县域（指数值介于0.294–0.347）拉开差距；同时，2021年各县域间的高质量发展水平指数值起伏变大，这一变化在豫东、豫北、豫南地区的西华县、辉县市、商城县等县域表现得尤为明显，这部分县域的高质量发展指数出现了明显的倒退趋势，说明这一时期各县域间的高质量发展水平差距进一步拉大，豫中省会地区以及周边省份对河南省外围县域的虹吸效应进一步加强。

总的来看，2014—2021年，河南省县域高质量发展水平整体较低，呈缓慢上升的趋势，空间格局并无较大改变，但区域差距正在逐渐拉大；2014年、2018年和2021年，河南省高质量发展水平较高的县域大多为省会周边县域以及豫东、豫南地区部分县域，而介于二者之间的内部县域的高质量发展水平则相对较低。各县域仍需进一步提高发展质量，并结合自身特色拉动周围地区经济发展。

表3–3　2014年、2018年、2021年河南省各县域高质量发展水平排名

地区	2014年	地区	2018年	地区	2021年
汝阳县	0.36589	西华县	0.423483	镇平县	0.456463
鲁山县	0.351842	辉县市	0.410027	固始县	0.442742
西华县	0.335507	永城市	0.384282	永城市	0.429075
唐河县	0.335464	商城县	0.3722	巩义市	0.421221
宝丰县	0.293566	原阳县	0.370285	禹州市	0.401185
辉县市	0.290196	新安县	0.357289	邓州市	0.381709
博爱县	0.287945	新郑市	0.356659	荥阳市	0.379227
巩义市	0.287275	范县	0.339031	夏邑县	0.378056

续表

地区	2014 年	地区	2018 年	地区	2021 年
栾川县	0.285508	宜阳县	0.32828	项城市	0.347432
内乡县	0.279326	兰考县	0.314144	太康县	0.338055
偃师市	0.27917	宁陵县	0.308621	登封市	0.336009
登封市	0.273747	新县	0.304734	柘城县	0.334089
洛宁县	0.264076	鲁山县	0.301221	新密市	0.329863
新郑市	0.263653	新密市	0.289076	新郑市	0.321147
郸城县	0.262439	卫辉市	0.288767	辉县市	0.31967
林州市	0.256961	武陟县	0.28671	唐河县	0.318982
新密市	0.2534	汝南县	0.282126	郸城县	0.318259
宜阳县	0.253231	柘城县	0.278102	滑县	0.316862
汝州市	0.252972	遂平县	0.275116	西峡县	0.311283
汤阴县	0.245103	确山县	0.270247	沈丘县	0.309987
武陟县	0.244825	安阳县	0.268971	潢川县	0.306465
项城市	0.243785	舞阳县	0.26517	鹿邑县	0.306088
南召县	0.243029	汤阴县	0.263831	长葛市	0.302107
新乡县	0.241292	荥阳市	0.263735	兰考县	0.300795
义马市	0.24014	鹿邑县	0.258156	宜阳县	0.293605
邓州市	0.240128	方城县	0.257001	商水县	0.288746
叶县	0.238398	长葛市	0.25366	西平县	0.288125
孟津县	0.235431	南乐县	0.253462	民权县	0.284269
沁阳市	0.235361	封丘县	0.247892	杞县	0.283984
桐柏县	0.234462	栾川县	0.245731	汝州市	0.283406
荥阳市	0.234258	尉氏县	0.245434	鄢陵县	0.281212
温县	0.227905	义马市	0.244073	灵宝市	0.277372
灵宝市	0.227333	温县	0.242909	新野县	0.277333
伊川县	0.226676	沁阳市	0.242057	平舆县	0.272857
郏县	0.224444	淮滨县	0.24109	林州市	0.269864
禹州市	0.2217	叶县	0.239454	武陟县	0.268175
长葛市	0.220325	平舆县	0.238816	偃师市	0.267277
永城市	0.220247	渑池县	0.234997	临颍县	0.267022
濮阳县	0.219991	唐河县	0.232216	虞城县	0.266065
罗山县	0.214636	项城市	0.231461	上蔡县	0.2654

续表

地区	2014 年	地区	2018 年	地区	2021 年
卫辉市	0.210735	孟州市	0.23074	孟津县	0.262796
商城县	0.210712	鄢陵县	0.230095	汝南县	0.261869
社旗县	0.209664	光山县	0.229126	新乡县	0.261231
民权县	0.208493	巩义市	0.228814	淮滨县	0.259974
襄城县	0.207799	舞钢市	0.227843	确山县	0.258974
渑池县	0.207503	西平县	0.227286	尉氏县	0.257501
获嘉县	0.20525	正阳县	0.225654	伊川县	0.257068
上蔡县	0.204255	灵宝市	0.224962	淅川县	0.25595
夏邑县	0.203199	社旗县	0.224344	泌阳县	0.255171
鹿邑县	0.202204	卢氏县	0.223488	方城县	0.250155
西平县	0.200784	延津县	0.222659	襄城县	0.248852
中牟县	0.200282	淅川县	0.222468	新蔡县	0.248794
安阳县	0.199727	禹州市	0.222054	孟州市	0.248321
卢氏县	0.197597	嵩县	0.219438	卫辉市	0.246786
内黄县	0.197241	睢县	0.218411	濮阳县	0.246409
孟州市	0.195075	邓州市	0.216935	光山县	0.241973
新野县	0.193828	潢川县	0.215483	扶沟县	0.241011
淮滨县	0.193249	台前县	0.214722	商城县	0.240729
延津县	0.19286	修武县	0.212745	内乡县	0.240685
南乐县	0.190166	浚县	0.209647	桐柏县	0.239478
杞县	0.188486	息县	0.209474	沁阳市	0.238198
淇县	0.187372	博爱县	0.209347	中牟县	0.237386
修武县	0.186943	泌阳县	0.20819	汤阴县	0.236398
西峡县	0.186386	临颍县	0.205908	原阳县	0.23546
通许县	0.185848	郏县	0.20143	西华县	0.234752
舞钢市	0.184951	郸城县	0.201337	南召县	0.232534
新安县	0.184146	内黄县	0.199811	息县	0.231885
泌阳县	0.183879	商水县	0.196917	罗山县	0.229046
潢川县	0.182694	民权县	0.195977	温县	0.227679
固始县	0.182098	沈丘县	0.195063	新安县	0.22344
封丘县	0.180857	汝州市	0.193606	睢县	0.223202
淅川县	0.178945	扶沟县	0.192969	延津县	0.220645

续表

地区	2014 年	地区	2018 年	地区	2021 年
新蔡县	0.178137	濮阳县	0.186931	义马市	0.219585
平舆县	0.17731	罗山县	0.183939	正阳县	0.217775
滑县	0.177188	清丰县	0.183557	渑池县	0.212276
息县	0.176798	滑县	0.182304	清丰县	0.210456
清丰县	0.172145	孟津县	0.181745	遂平县	0.209367
范县	0.171519	西峡县	0.181682	社旗县	0.209252
虞城县	0.168923	新乡县	0.179192	嵩县	0.205687
正阳县	0.164263	淇县	0.17671	内黄县	0.202059
浚县	0.163213	中牟县	0.17654	封丘县	0.199291
鄢陵县	0.162982	虞城县	0.173206	获嘉县	0.198667
新县	0.16054	内乡县	0.172109	栾川县	0.193971
嵩县	0.159067	伊川县	0.17121	范县	0.191274
兰考县	0.158896	宝丰县	0.171208	南乐县	0.187833
遂平县	0.158045	林州市	0.170935	洛宁县	0.186964
太康县	0.156136	登封市	0.170508	叶县	0.184181
光山县	0.155994	偃师市	0.169375	台前县	0.18391
宁陵县	0.155882	桐柏县	0.168059	宁陵县	0.183496
临颍县	0.155641	洛宁县	0.16593	汝阳县	0.183353
确山县	0.153301	太康县	0.165571	安阳县	0.182404
柘城县	0.152359	上蔡县	0.163164	淇县	0.181876
舞阳县	0.151793	汝阳县	0.162421	博爱县	0.181506
汝南县	0.150603	固始县	0.160277	修武县	0.18098
镇平县	0.148909	襄城县	0.158137	卢氏县	0.179397
扶沟县	0.14797	镇平县	0.157762	通许县	0.178729
睢县	0.147674	新蔡县	0.157132	宝丰县	0.178073
尉氏县	0.14666	南召县	0.156048	舞阳县	0.173661
原阳县	0.145629	通许县	0.155428	鲁山县	0.173435
沈丘县	0.142882	夏邑县	0.149675	舞钢市	0.1702
商水县	0.138036	获嘉县	0.146479	郏县	0.165707
台前县	0.131577	杞县	0.143231	浚县	0.1616
方城县	0.122358	新野县	0.139442	新县	0.161326

第三节　河南省县域数字经济发展水平及时空特征分析

一、发展水平特征分析

（一）示范引领县、整体推进县、巩固提升县三类县域数字经济发展水平分析

根据前文采用的指标测度体系，使用熵权法对河南省103个县域2014—2021年的数字经济发展水平进行测度，并同样划分为示范引领县、整体推进县和巩固提升县三类。图3–3展示了2014—2021年河南省三类县域以及总体的数字经济发展水平。

从总体来看，河南省县域数字经济发展水平逐年稳步上升，数字经济发展指数值由2014年的0.077上升至2021年的0.170，且在2020—2021年具有较快增速。从三类县域来看，在2017年之前，整体推进县一直以微弱优势占据河南省县域数字经济发展水平的第一把交椅，2017年之后，示范引领县迎来快速发展时期，逐渐超过整体推进县，成为河南省数字经济发展水平最高的一类县域，并逐渐与其他两类县域拉开差距；2014—2020年三类县域的差距相对较小，2021年三类县域数字经济发展水平差距显著扩大，示范引领县、整体推进县和巩固提升县的数字经济发展指数平均值分别达到0.200、0.170和0.150，示范引领县与巩固提升县间的差距达到0.05个百分点，前者成为带动河南省总体县域数字经济发展水平提高的主要动力。

综上所述，2014—2021年，河南省县域数字经济发展水平呈缓慢增长态势，2021年发展相对较快；三类县域的区分并不明显，其中示范引领县作为近年来的后起之秀有着更强劲的发展态势。

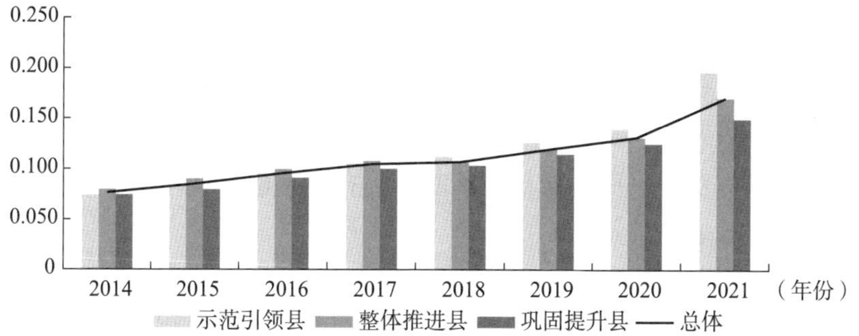

图 3-3　2014—2021 年示范引领县、整体推进县、巩固提升县数字经济发展水平

（二）豫东南西北中县域数字经济发展水平分析

从地理区位来看（见图 3-4），2014 年豫西地区县域的数字经济发展指数值为 0.100，在河南省五类地区中排名第一，显著高于豫东（0.065）、豫南（0.067）、豫北（0.075）和豫中（0.083）地区县域；从 2015 年开始，河南省数字经济发展重心开始转移，豫西地区县域的数字经济发展水平被豫中地区赶超，同时与其他三类地区的县域差距也在逐渐缩小，并于 2020 年被豫东地区县域赶超，从五类地区的榜首沦为第三名。豫东地区县域的数字经济发展水平在 2014 年排名末尾，但其发展速度较快，2015 年其数字经济发展水平超过豫南地区，2017 年超过豫北地区，2020 年超过豫西地区，一跃成为河南省五类地区县域中的第二名。豫南地区县域的数字经济发展水平较低，在 2015—2021 年一直是五类县域中的末尾。豫北地区县域的数字经济发展水平在 8 年间一直处于河南省五类县域偏中间的位置。相比之下，豫中地区的数字经济有着最快的发展速度，从 2015 年成为五类县域榜首开始，一直在拉大与其他四类地区的差距，成为助力河南省总体数字经济发展水平提高的主要力量，2021 年，其指数值达到 0.273，远高于同时期的豫西（0.157）、豫东（0.169）、豫南（0.148）和豫北（0.158）地区县域。

总的来看，河南省县域数字经济发展水平呈稳步增长趋势，2018—2021 年为快速发展时期。与此同时，随着数字经济发展重心的转移，在发展水平快速提升的同时县域间的差距也在不断加大。近年来，豫西地区正逐渐失去过往的重要地位，豫中地区成为河南省县域数字经济发展的重点地区，呈断崖式领先，豫东地区县域的发展速度也相对较快，但除豫中地区外的其余四类县域差距历年来逐渐缩小且并不明显，可见近年来河南省县域数字经济发展水平的提高很大程度上依赖于豫中地区等部分县域（如新郑市）的快速发展。

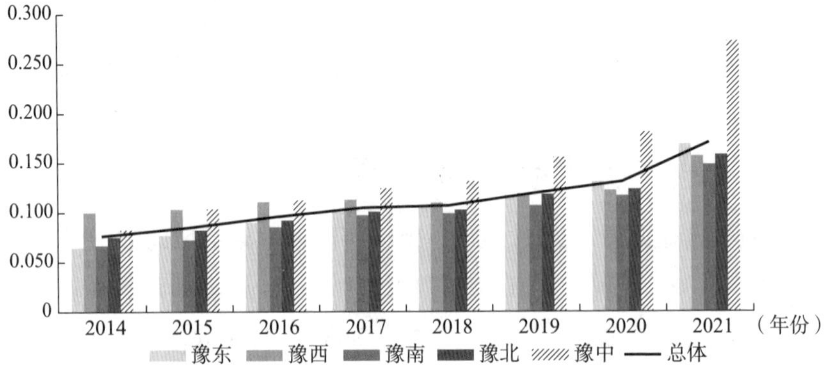

图 3-4　2014—2021 年豫东西南北中县域数字经济发展水平

二、时空特征分析

表 3-4 展示了 2014 年、2018 年和 2021 年河南省各县域的数字经济发展水平。可以看出，2014 年河南省绝大多数县域的数字经济发展指数值在 0.144 及以下，仅有汝阳县超过这一临界值，其数字经济发展指数值超过 0.230，在河南省内一枝独秀。数字经济发展水平较高的县域（数字经济发展指数介于 0.100~0.144 的县域）大多集中在豫中和豫西地区；除西华县、郸城县、项城市、唐河县等个别县域外，豫东、豫南和豫北地区县域的数字经济发展指数值大多介于 0.026~0.071，发展水平普遍较低，整体呈现出明显的西高东低趋势。2018 年，河南省县域总体数字经济发展水平有所提高，豫中、豫西地区的新郑市、新密市、宜阳县、栾川县等县域的数字经济发展指数值超过 0.160，成为河南省数字经济发展水平最高的几个县域，豫东地区的永城市等个别县域也有较高的发展水平；同时，这一时期河南省县域数字经济发展水平的区域差距逐渐变大，包括

豫中、豫西地区县域与其余地区县域的差距以及豫中、豫西地区内部县域的分化。2018—2021 年，河南省县域数字经济发展水平迎来较大提升，2021 年郑州市周围县域的数字经济发展水平突破 0.300 的大关，与 2018 年相比提升显著；但是，这一时期豫中地区县域的数字经济发展水平与其他地区县域的差距变得更大，区域差距和空间聚集特征更明显，豫西地区的数字经济发展水平日渐式微，与豫东、豫南、豫北县域的差距逐渐缩小。

总的来看，河南省县域数字经济发展水平在 2014—2021 年有显著提升，且空间格局变化明显，由 2014 年的“西高东低”式分布逐步发展为 2021 年的“环豫中”和“大分散、小聚集”式分布。各区域县域间的差距随着数字经济发展水平的提高而不断拉大，豫中地区优势明显，结合前文的水平特征分析可知，这一现象很可能是由于省会等经济较发达地区对周边县域的辐射带动作用和虹吸作用，豫西地区等县域的资源要素统一汇往豫中经济较发达地区，进而推动河南省县域总体数字经济发展水平提升，而远离省会的县域受到的虹吸效果明显较弱。因此，河南省绝大部分县域数字经济发展的内生动力还有待激活。

表 3-4 2014 年、2018 年、2021 年河南省各县域数字经济发展水平排名

地区	2014 年	地区	2018 年	地区	2021 年
汝阳县	0.231362	永城市	0.199948	新郑市	0.644063
鲁山县	0.143686	宜阳县	0.19093	永城市	0.387744
西华县	0.137199	新郑市	0.186349	荥阳市	0.376542
唐河县	0.136367	新密市	0.184275	中牟县	0.354162
宝丰县	0.126298	辉县市	0.183062	新密市	0.342223
辉县市	0.125668	汝州市	0.171833	汝州市	0.302737
博爱县	0.124807	荥阳市	0.171832	林州市	0.27926
巩义市	0.121853	栾川县	0.164209	宜阳县	0.270128
栾川县	0.119861	内乡县	0.148546	辉县市	0.261554
内乡县	0.111779	项城市	0.14814	登封市	0.251361
偃师市	0.110401	宝丰县	0.146584	固始县	0.235853
登封市	0.11012	林州市	0.14591	禹州市	0.232807

续表

地区	2014 年	地区	2018 年	地区	2021 年
洛宁县	0.109199	巩义市	0.144804	内乡县	0.231926
新郑市	0.108514	中牟县	0.139275	长葛市	0.230442
郸城县	0.107755	新乡县	0.134991	项城市	0.22502
林州市	0.104864	郸城县	0.134423	巩义市	0.216975
新密市	0.104022	安阳县	0.134214	郸城县	0.21496
宜阳县	0.103627	长葛市	0.13386	汤阴县	0.200717
汝州市	0.103333	禹州市	0.133143	襄城县	0.19635
汤阴县	0.103251	南召县	0.121123	兰考县	0.192233
武陟县	0.102644	偃师市	0.120196	滑县	0.186192
项城市	0.100988	固始县	0.119988	安阳县	0.185616
南召县	0.100277	鹿邑县	0.119726	光山县	0.182885
新乡县	0.098813	登封市	0.118471	鹿邑县	0.181568
义马市	0.098237	洛宁县	0.1177	邓州市	0.180248
邓州市	0.094801	获嘉县	0.11595	偃师市	0.177455
叶县	0.093021	卫辉市	0.115334	新安县	0.176816
孟津县	0.091405	温县	0.113377	伊川县	0.174042
沁阳市	0.090366	罗山县	0.112346	濮阳县	0.174042
桐柏县	0.08932	邓州市	0.112225	潢川县	0.170215
荥阳市	0.088102	新蔡县	0.112003	商水县	0.169977
温县	0.086632	夏邑县	0.109256	尉氏县	0.166781
灵宝市	0.086529	泌阳县	0.108973	夏邑县	0.16504
伊川县	0.085774	民权县	0.108041	沁阳市	0.1643
郏县	0.083944	上蔡县	0.107801	栾川县	0.164091
禹州市	0.083476	光山县	0.107063	虞城县	0.16226
长葛市	0.083023	灵宝市	0.105918	孟津县	0.161607
永城市	0.082643	滑县	0.105813	范县	0.161218
濮阳县	0.081615	虞城县	0.105468	博爱县	0.161183
罗山县	0.081488	襄城县	0.105155	郏县	0.160797
卫辉市	0.081393	社旗县	0.105092	西峡县	0.160674
商城县	0.081178	郏县	0.104538	上蔡县	0.160018
社旗县	0.080882	西峡县	0.102775	唐河县	0.159516

续表

地区	2014 年	地区	2018 年	地区	2021 年
民权县	0.080501	沁阳市	0.102234	灵宝市	0.15825
襄城县	0.080064	伊川县	0.101988	镇平县	0.157701
渑池县	0.076075	通许县	0.100678	西平县	0.156644
获嘉县	0.074964	濮阳县	0.100588	民权县	0.155987
上蔡县	0.073347	武陟县	0.100329	卫辉市	0.153622
夏邑县	0.073254	商水县	0.10005	洛宁县	0.152315
鹿邑县	0.071196	镇平县	0.099758	泌阳县	0.151583
西平县	0.070735	西平县	0.099713	杞县	0.151456
中牟县	0.070505	博爱县	0.098884	新野县	0.150647
安阳县	0.069881	西华县	0.098067	鄢陵县	0.150455
卢氏县	0.06941	兰考县	0.097384	淅川县	0.150436
内黄县	0.069302	淮滨县	0.097178	获嘉县	0.149424
孟州市	0.067815	桐柏县	0.097064	社旗县	0.148407
新野县	0.065963	内黄县	0.096213	沈丘县	0.147974
淮滨县	0.065706	杞县	0.095799	商城县	0.147763
延津县	0.065274	太康县	0.095042	新乡县	0.147125
南乐县	0.064074	息县	0.094457	封丘县	0.14705
杞县	0.06393	新安县	0.093384	武陟县	0.146818
淇县	0.06344	商城县	0.092439	温县	0.146667
修武县	0.062204	孟津县	0.091935	内黄县	0.145116
西峡县	0.061034	临颍县	0.091769	息县	0.14393
通许县	0.05983	封丘县	0.091339	清丰县	0.143043
舞钢市	0.059675	平舆县	0.091167	卢氏县	0.141578
新安县	0.05952	淇县	0.090997	临颍县	0.140814
泌阳县	0.058492	淅川县	0.09098	太康县	0.140606
潢川县	0.058194	清丰县	0.090812	罗山县	0.139687
固始县	0.058182	尉氏县	0.090181	宝丰县	0.1383
封丘县	0.057543	渑池县	0.089983	原阳县	0.13774
淅川县	0.056603	卢氏县	0.089861	扶沟县	0.13772
新蔡县	0.056118	汝阳县	0.089791	浚县	0.136203

续表

地区	2014 年	地区	2018 年	地区	2021 年
平舆县	0.055253	睢县	0.088758	叶县	0.135622
滑县	0.055158	鲁山县	0.088507	方城县	0.135516
息县	0.054529	原阳县	0.08818	舞阳县	0.135197
清丰县	0.054401	新县	0.088138	柘城县	0.133876
范县	0.054269	汤阴县	0.088127	睢县	0.132824
虞城县	0.053765	范县	0.087843	淮滨县	0.129903
正阳县	0.053592	嵩县	0.087218	延津县	0.128463
浚县	0.052668	延津县	0.087087	通许县	0.125069
鄢陵县	0.052181	潢川县	0.086827	桐柏县	0.124632
新县	0.051846	南乐县	0.086796	南乐县	0.124345
嵩县	0.051482	修武县	0.085883	孟州市	0.12421
兰考县	0.051231	正阳县	0.085589	正阳县	0.122889
遂平县	0.050073	鄢陵县	0.08542	确山县	0.122231
太康县	0.04828	新野县	0.085392	遂平县	0.121873
光山县	0.048227	唐河县	0.084718	淇县	0.12149
宁陵县	0.047188	扶沟县	0.08329	西华县	0.120557
临颍县	0.046788	遂平县	0.082961	舞钢市	0.119093
确山县	0.045822	舞阳县	0.082713	修武县	0.119067
柘城县	0.044285	浚县	0.082567	新蔡县	0.118074
舞阳县	0.04411	柘城县	0.081519	渑池县	0.117321
汝南县	0.044101	沈丘县	0.081009	南召县	0.116285
镇平县	0.044094	汝南县	0.080564	嵩县	0.116142
扶沟县	0.044059	舞钢市	0.080211	新县	0.111832
睢县	0.043247	确山县	0.080058	汝阳县	0.109233
尉氏县	0.041274	叶县	0.079974	汝南县	0.108443
原阳县	0.04109	方城县	0.079178	平舆县	0.107283
沈丘县	0.040703	宁陵县	0.078975	台前县	0.106985
商水县	0.037446	台前县	0.071742	鲁山县	0.102598
台前县	0.031947	义马市	0.069439	义马市	0.101327
方城县	0.025839	孟州市	0.068672	宁陵县	0.099548

第四节 数字经济助推河南省县域高质量发展存在的问题

通过对河南省县域高质量发展和数字经济发展水平及时空特征的分析，发现河南省县域存在明显的内生动力不足和发展不均衡问题。结合当前河南省县域数字经济发展的实际状况，想要利用数字经济有效推动河南省县域高质量发展，缓解地区间发展失衡问题，还有以下关键问题亟待解决。

一、数字基础设施建设不完善

数字基础设施是县域数字经济发展的基础，尽管河南省在整体上大力推进数字基础设施建设并取得了不错的成绩，但许多县域与城市之间的差距依然明显，一些偏远县域并没有得到足够的数字基础设施红利，在互联网接入、5G 覆盖和数据中心建设等方面相对滞后，严重阻碍了数字经济的发展。河南省县域数字基础设施建设的不完善包括但不限于以下几个方面。

（1）网络覆盖不足。河南省大多数县域实现了 4G 网络全覆盖，并在逐步推进 5G 网络建设，但在部分县域尤其是农村与偏远地区仍然存在网络基础设施建设滞后、宽带和移动网络覆盖率不高、网速慢、网络信号弱等问题，无法充分满足居民和企业的上网需求。

（2）数据中心建设滞后。数据中心作为数字经济的重要基础设施，在信息收集、处理和传输等方面发挥着重要作用。根据《河南省“十四五”数字经济和信息化发展规划》，河南全省目前建成有大型数据中心 3 个和中小型数据中心 84 个，但这些数据中心主要集中在省会郑州和一些区域中心城市附近，许多县域并没有建成独立的数据中心，数据收集、存储和处理的能力不足，制约了县域数字经济的发展。

（3）基础设施老化。部分县域现有的网络设备（如路由器、交换机等）和整体系统架构陈旧，长期未进行迭代升级，无法支持新型应用和服务，对新兴数字技术（如5G、物联网等）的兼容性较差。一些地区仍在使用老旧的铜缆线路，而非光纤等新型高传输速率线缆，加之维护不善和空间布局不合理，导致网络质量不稳定，性能跟不上需求，经常出现网络中断和数据传输缓慢、效率低下等情况。

（4）智能化设施匮乏。河南省县域普遍缺乏集成统一的智慧城市管理平台，现有的各类智能设施和系统难以实现数据共享与协同管理，智能交通、智能电网、智能医疗、智能教育、智能社区等基础设施的普及程度较低，许多传统基础设施未进行智能化改造，影响了智慧城市和智慧乡村的建设进度，无法满足现代化城市管理和服务需求。许多县域的智能环境管理滞后、环境监测设备不足，无法对空气质量、水质和噪声等进行实时监测与管理，环境治理难度大；垃圾分类和处理的智能化程度较低，缺乏智能垃圾桶、垃圾分类识别系统等设备，垃圾处理效率低；农业生产中的智能农机设备应用不足，仍以传统农业机械为主导，加之农业物联网技术普及率低，缺乏智能灌溉、智能温室和病虫害监测系统，以至于智能化耕作、播种、施肥和收获的水平较低，农业生产的精细化管理水平不高；智能水务、电网建设滞后，电力供应稳定性和效率不高，无法实现用电情况的实时监控和智能调度，供水管网的智能化检测和管理水平较低，水资源利用效率不高。

二、数字人才短缺

河南省县域尤其是豫西、豫北等地区的偏远县域普遍缺乏数字经济领域的高素质人才（包括信息技术人才、数据分析人才等），高端人才（如大数据分析师、人工智能工程师、网络安全专家等）尤为稀缺，严重制约了高水平技术项目的开展和数字经济的发展。同时，县域高等教育资源匮乏、生活环境和发展机遇相对较差，难以吸引和留住高素质人才，导致人才流失严重，难以满足数字经济的发展需求，仅有的高等教育资源和数字经济人才大多集中在豫中省会地区，随之带来的便是豫中地区县域与其他地区县域数字创新能力的明显差异，这也是河南省数字经济和高质量发展水平区域差异明显以及豫中地区虹吸效应明显的重要原因。

三、产业数字化程度不足

作为我国粮食主产区之一，一些传统产业占据了河南省县域经济的主导地位，导致部分县域的数字产业发展相对滞后，产业结构转型升级面临一定困难。同时，传统产业结构的升级和数字化转型需要大量资金与技术支持，但是河南省县域的经济发展水平有限，难以承受这一转型升级的压力，因此即便部分县域数字经济发展水平相对较高，仍无法充分发挥出其对县域高质量发展的带动作用，以至于出现数字经济发展水平和高质量发展水平不匹配的失衡现象。具体来说，河南省产业数字化程度不足有以下几种表现。

（1）传统产业数字化转型缓慢。一方面，许多县域传统企业的数字化意识淡薄，对数字化转型的认知不够，企业管理层与员工缺乏数字化思维和数字技能，导致数字技术在生产、管理和服务中的应用程度低，仍然依赖于人力和传统设备，未能充分利用数字技术提升生产效率、降低成本。另一方面，数字化改造需要较高的投入，包括新设备的购置和职工培训等，许多县域中小企业难以承担。

（2）新兴产业培育不足。一是政府在政策支持和激励方面的力度不够，缺乏针对新兴数字产业的县域专项扶持政策和人才保障政策，导致产业发展动力不足。二是许多县域市场环境不成熟，新兴数字产业市场环境缺乏完善的配套服务和基础设施支持，难以形成规模效应和竞争优势。三是创新资源匮乏，县域内的技术研发和创新资源、人才资源有限，新兴产业的技术创新和产品研发能力不足，无法快速应对市场需求，难以占据较大市场份额。

（3）产业链融合度低。河南省许多县域的数字经济发展制度尚未完善，没有形成完整的数字经济产业链闭环，缺乏统一的数字化平台和生态体系，以至于产业链条不完整、上下游企业间的合作不紧密、要素流动不充分，不同企业与产业间难以实现数据和信息的互通，导致行业间协同不足，直接影响了县域整体数字产业的竞争力，限制了产业链的深度融合。

四、存在数据安全风险

随着数字经济的发展，数据安全风险越发突出，河南省许多县域没有充分重视数据安全的重要性，缺乏有效的数据安全保障措施，存在数据泄露等信息安全隐患，无法充分激发数字经济发展的内生动力。具体来说，河南省县域的数据安全隐患体现在以下几个方面。

（1）数据安保措施不到位。首先，许多县域缺乏有效的个人信息保护机制，企业与政府部门在收集、存储和处理居民个人信息时安全措施做得不到位，导致个人信息泄露的风险增加；企业内部的数据保护意识不足，客户个人信息、产品数据以及商业机密等重要信息文件容易被盗取或泄露，也会对企业的竞争力和声誉造成严重影响。其次，许多县域没有打造专用的网络数据安全墙，容易受到病毒、木马和勒索软件的攻击，出现系统瘫痪、数据丢失和业务中断等问题；由于信息系统配置不当、权限设置不合理，许多系统和软件存在未修复的漏洞，容易被不法分子利用窃取敏感数据或进行破坏活动，对县域信息系统的安全性和稳定性造成严重威胁。

（2）数据保护法规不完善。许多与县域信息安全相关的法律法规滞后于数字技术应用，缺乏统一的、时效的信息安全管理标准和规范，企业和政府部门在进行信息安全管理时缺乏参考依据，导致安全管理水平参差不齐，无法做到对数据使用的合理、有效监管，也容易给不法分子留下法律漏洞，增加信息外泄风险。

（3）应急响应能力不足。一方面，许多县域的企业和政府部门没有制定完备的网络安全应急预案，数据风险应对能力低下，一旦发生数据外泄、系统漏洞等安全事件，难以在第一时间控制事件情况、减少事件损失；另一方面，缺乏完善的数据备份和事件恢复机制意味着县域网络灾害恢复能力差，在出现系统瘫痪等紧急情况时，难以保证系统在短时间内恢复正常运行。

五、政策支持不力

豫中地区县域得益于邻近省会，相关政策配套措施更为完善，有着更有利的数字经济发展环境，而其他地区许多县域在数字经济发展方面缺乏相关政策支持和引导，包括财政扶持、税收优惠、人才引进在内的各方面制度设计还有待完善，这些政策制度对河南省县域数字经济发展的指导作用相对有限，主要有以下几个方面原因。

（1）政策落实不到位。尽管河南省近年来出台了不少支持数字经济发展的政策，如《河南省“十四五”数字经济和信息化发展规划》《2024年河南省数字经济发展工作方案》等，这些政策为河南省数字经济发展制定了总体框架、规划了具体路线，但由于政策宣传不到位、执行不力等，许多企业和个人对现有的政策不够了解，难以及时获取政策信息、利用政策红利促进自身发展，以至于省级层面的政策在具体落实到县域时往往无法充分体现政策效果，也无法达到政策预期。

（2）缺乏专项扶持政策。河南省县域众多，数字经济发展情况不一，因此，不同县域的制度设计不能一概而论，因地制宜制定符合各县域自身情况的数字经济发展策略尤为重要。而实际情况是，河南省针对县域经济发展特点和实际需求的专项扶持政策较少，部分政策缺乏针对性，对不同区域、不同产业的特点考虑不足，如缺乏对中小企业数字化转型和技术创新的精准扶持政策，导致许多企业在数字经济发展过程中面临困难，以至于现有政策无法与实际需求形成精准对接，不能为县域数字经济提供最高效的发展环境。

（3）激励机制不完善。一方面，河南省县域现有的数字经济发展激励措施多集中在财政补贴和税收优惠上，激励形式单一，缺乏多样化的激励手段，如人才引进激励、创新奖励等，保障机制的不完善是人才流失的重要原因；另一方面，现有政策的激励力度普遍较低，数字经济发展专项资金投入不足，对企业和个人的吸引力相对有限，难以调动各方主体参与数字经济建设的积极性和主动性。

（4）政策协调性有待提高。河南省许多县域内部在制定和实施政策时各自为政，部门间在推进数字经济发展的过程中配合不足，缺乏统一性和协调性，导致政策碎片化严重，不同政策之间存在冲突和重复，许多县域与市域、省域间的政策协调性也有待提高，严重影响了政策的整体执行效果。另外，许多政策缺乏长效机制，过于注重短期效果，忽视了长远规划和持续支持，难以形成持久的政策效应。

（5）监管和服务欠佳。部分县域关于数字经济发展方面的监管机制和政策实施效果的评估反馈机制不完善，缺乏针对新兴技术、新兴业态的监管措施，尚未构建起科学的评估体系和定期的政策调整机制，加之政府在企业数字化转型和技术创新过程中提供的服务支持不足，许多中小型企业在发展过程中缺乏专业的技术咨询和指导，遇到困难时得不到有效帮助，导致政策的持续改进和优化不到位，不利于打造良好的数字经济发展环境。

六、资金投入不足

县域数字基础设施建设、企业数字化转型、数字化产业培育、数字人才培养等方面都离不开大量的资金投入，而资金短缺是制约河南省县域数字经济发展的一个重要原因。具体来说，河南省县域数字经济发展资金投入不足可能出于以下几个方面原因。

（1）财政预算有限。河南省县域众多，县域面积和规模普遍较小，地方政府的财政收入相对较少，预算资金有限，难以大规模投入数字经济的发展项目，尤其是当其他基础设施建设和社会公共服务等方面的资金需求紧迫时，数字经济领域的资金投入更显不足。

（2）基金规模有限、利用效率低下。一些地方政府和企业设立了数字产业发展基金，但由于规模较小、覆盖面有限，难以满足大规模数字经济项目的资金需求，同时由于管理机制不完善、审批流程复杂等问题，普遍存在资金使用效率低下、实际到位资金有限等情况。

（3）社会资本参与度低。县域地区由于市场规模有限、回报周期长、产业链不完整，难以引起社会资本和外来投资者的兴趣。投资者对县域数字经济发展的信心不足，导致社会资本参与度较低。

七、金融体系不完善

（1）金融机构覆盖广度不足。相较于城市，河南省县域地区的银行网点数量较少，尤其在豫北、豫西等部分偏远县域和农村地区，居民和企业难以便捷地获得银行服务。同时，县域地区的金融服务种类和内容相对单一，缺乏针对数字经济发展的专业性金融产品和服务（如科技金融、绿色金融等）。

（2）融资渠道狭窄。河南省县域中小企业普遍面临融资难、融资贵的问题，银行贷款审批严格、抵押要求高、贷款期限短的现状严重制约了新兴数字企业获取发展资金。同时，县域地区缺乏天使投资、风险投资、私募股权等多元化的融资渠道，使新兴数字企业在创立初期和成长阶段难以获得资金支持。

（3）金融科技方面的应用和创新能力不足。大数据、区块链、人工智能等数字技术手段在贷款审批、风险控制等方面的应用程度较低，影响了河南省县域金融服务的效率和安全性。

（4）金融风险较高。河南省许多县域企业和个人的信用信息登记不完善，信用评估体系不健全，导致银行放贷风险高，不愿意向部分中小企业和创业项目发放贷款。另外，由于正规金融渠道不畅，部分县域容易出现非法集资、高利贷等现象，增加了金融风险，损害了金融生态环境。

（5）金融基础设施建设不完善。河南省部分县域的金融基础设施（如数据中心、信用信息平台等）建设滞后，互联网普及率较低，数字支付推广进程仍相对缓慢，以至于部分居民和企业仍然依赖于传统支付方式，这一现状限制了金融服务的广泛覆盖和高效运作，影响了互联网金融业务的发展，阻碍了县域金融的数字化进程。

八、应用推广困难

任何数字技术手段或新型业务模式都必须立足于实践，脱离实际生活应用的数字经济只能是空中楼阁，因此，加快推进数字经济与实体经济的深度融合一直是当下河南省乃至全国数字经济发展的重点方向。然而，受限于地区经济发展水平和居民数字素养，当前河南省许多县域在推广与应用数字要素和技术时还存在一定的困难。

（1）数字化认知不足。从企业方面来看，河南省许多县域内的传统企业管理层主观上对数字化转型的重要性和必要性认识不足，没能充分了解数字经济的发展潜力，认为现有的业务模式可以维持企业运转，不愿意承担风险进行数字化改造；加之在客观上河南省县域企业数字化转型成功的案例较少，相关实践经验不足，以至于企业缺乏参考和借鉴的对象，对数字化转型的成效持怀疑态度，更加剧了县域数字经济发展的困难。从居民方面来看，河南省对数字经济的普及和宣传力度不到位，数字化生活方式尚未普及，县域居民的数字素养普遍较低，特别是中老年人和低学历人群，对智能设备和数字化服务的了解不充分，仍习惯依赖于传统的线下服务，难以接受新的数字化应用和服务。

（2）应用场景有限。一是河南省农村地区的农业生产方式较为传统，数字化程度不高和数字化应用匮乏的问题明显，数字化对农业生产的促进作用未能充分发挥，诸如遥感、地理信息系统、自动化技术等高新技术在农业生产中的应用程度不高，智能农业、精准农业等数字化农业发展模式尚未普及开来。二是河南省农村地区的电商产业发展滞后，电商基础设施、支付体系和物流配送体系等尚待健全，存在一定的供应链瓶颈，农产品的线上销售难度较大，成为数字经济在河南省农村地区推广和发展的一大阻力。三是当前河南省县域数字经济的行业覆盖广度以及行业间的协同不足，数字化应用主要集中在电商、金融、物流等少数行业，而制造业、建筑业、服务业等传统行业的数字化应用仍然较少；各行业间的数字化应用缺乏协同，未形成完整的数字化生态体系，限制了数字技术的综合应用，难以达到效益最大化。

（3）信息不对称。政府出台的支持数字经济发展的政策和信息未能有效传达到县域基层，企业和居民对政策的知晓度与利用率不高，难以充分了解最时兴数字技术手段的信息；同时，中小企业和个体经营者获取市场信息的渠道有限，对市场需求、技术动态等信息了解不足，难以做出最有时效、最符合当下市场行情的生产和销售决策，也会影响数字化技术的应用和推广。

（4）配套服务不足。许多县域内缺乏专业的数字化技术支持服务机构和数字技能培训课程，针对企业和居民的数字化培训服务不足，既不利于解决企业在数字化转型过程中遇到的困难，也不利于培养县域数字化人才和数字化产业，这同样是数字化技术在县域推广和普及中需要解决的问题。

第四章 河南省县域数字经济与高质量发展的耦合协调性及空间相关性分析

第一节 引言及文献综述

目前，学术界关于数字经济对经济高质量发展影响的研究中，大多数学者认为，数字经济通过消费（薛秋童、封思贤，2022）、投资（张庆君、黄玲，2021）、就业（方观富、许嘉怡，2020）、绿色发展（刘锐、周浩平，2023）等对经济高质量发展产生正向促进作用（周超、黄乐，2021；杨艳芳等，2021；刘伟等，2021），数字覆盖广度、使用深度、数字化程度对经济高质量发展也具有正向促进作用（赵丽，2022；王年咏等，2023；蒋长流、江成涛，2020）。但经济发展中的一些现象令人费解，根据北京大学新农村发展研究院发布的《县域数字乡村指数（2020）研究报告》，近几年，全国县域数字经济发展呈现快速上升趋势，其中，中部地区的河南省呈现出快速发展趋势，成为全国数字乡村发展水平排名第五的省份；然而，《中国县域经济发展报告（2021）》又指出，全国百强县（市）中河南省仅占 7 个。虽然也有一些学者提出，数字经济对经济高质量发展的促进作用存在边际效应递减现象（徐铭等，2021）或门槛效应（贺健、张红梅，2020），但并未阐释清楚边际效应递减的原因。要想推动两者之间协调发展，揭示清楚两者之间的逻辑关系。

通过分析已有文献发现，现有研究主要侧重于数字经济对经济高质量发展的单向影响，对两者耦合协调关系的研究不多见。而事实上，经济高质量发展也能为数字经济的扩散提供新的市场和广阔的发展空间，助力数字经济持续良性发展，两者间的关系是相互促进的。耦合模型的使用可以很好地将数字经济与经济高质量发展结合起来，探究两者间的耦合互动关系。厘清数字经济与经济高质量发展的耦合协调特征，是县域高质量发展的重要基础，也能为县域确定发展方向提供重要理论手段。此外，从研究尺度上看，现有研究主要以省域（王刚贞、陈梦洁，2022）、市域（程云洁、段鑫，2022）为研究范围，很少有对县域展开研究的。县域是城乡深度融合的纽带领域，其发展可以带动城乡人口、资源、环境等要素的优化配置，是中国国民经济和农业农村长期发展的基础，是统筹推进乡村振兴、城乡融合、区域协调发展的切入点，对实现全体人民共同富裕具有重大意义。现有基于省域和市域的研究结论可能对县域高质量发展的借鉴意义有限。

本章以河南省 103 个县域为研究对象，研究数字经济与县域经济高质量发展间的耦合协同关系，并对不同类型县域的耦合协调度进行时空分析，试图解释现有研究结论与河南省现实相矛盾的原因，并为县域数字经济发展与经济高质量发展提供理论支撑。

第二节 理论机制分析

一、数字经济对县域经济高质量发展的驱动作用

在消费、投资、就业、绿色发展等领域，数字经济已有越来越多的研究，而这些因素正是数字经济推动县域实现经济高质量发展的重要环节。

第一，数字经济通过数字化支付、消费信贷等方式直接传导消费，并具有间接传导路径。数字化支付的普及和使用给人们带来了极大方便，把人们从现金实体中解放出来，即使不带钱包也能实现消费。互联网的发展催生了新型消费方式——网上购物，网上购物平台主要依赖电子支付，为居民消费提供了极大的便利。

第二，数字经济对投资有很大影响，通过为中小微企业、居民提供信贷途径，扩大其融资范围。很多中小型企业缺乏适当的抵押物或有不良信

贷记录，通常会被传统金融行业排除在外，难以顺利获取资金是制约中小微企业增加投资和扩大生产规模的主要障碍。而随着互联网技术的运用，人们在传统信贷模式中需要到银行等金融机构的营业网点进行业务的地域限制被打破，金融资源可以在地区间进行流动，对供需平衡有很大帮助，也实现了对资源的优化配置。

第三，金融业是实体经济的中枢与血液，提高就业质量有赖于中小企业、个体工商户的高质量发展；反过来，中小企业、个体工商户的发展也需要金融支持。近年来，随着人工智能、大数据、云计算、区块链等新兴信息技术在金融领域的广泛应用，数字经济正在蓬勃发展。数字经济解决了资源在用户之间的分配问题，降低了用户与所需资金间的距离，满足了包括中小微企业、个体工商户等长尾人群在内的社会各个阶层对正规金融服务的个性化需求，同时，数字经济提高了就业质量，在提高居民收入、促进共同发展方面发挥着重要作用。

第四，数字经济推动了绿色可持续发展，改变了传统经济的生产和生活方式。数字经济通过互联网平台投放信息、数据，提高绿色生产要素的投入，减少传统要素的投入。数据要素的加入，对传统要素的结合方式进行了改进，同时能提高生产要素的结合效率，进而实现绿色生产。生产模式的数字化推动了生产模式的智能化，通过持续优化资源投放比例降低资源浪费；与此同时，污水排放智能监控系统促进了乡镇企业对污染物的合理控制。数字经济引领消费者采用环保生活方式，给县域经济发展带来新的活力。

二、县域经济高质量发展对数字经济的反馈调节

县域经济高质量发展也会从数字化基础设施、数字产业水平、人力资本支撑三个方面对数字经济的发展产生反馈调节作用。

第一，数字化基础设施涵盖 5G 互联网、数据中心、人工智能、工业互联网等领域，与县域经济高质量发展之间有着紧密联系。通过拉动数字基础设施建设，县域经济的高质量发展可以扩大数字经济发展规模，在县域经济发展过程中，材料、器械、工艺等都需要以数字基础设施建设为支撑，新产业、新业态、新模式的发展都需要数字基础设施提供支持。此外，和谐发展的要求注重欠发达地区、农村地区的发展，数字基础设施能够缓解城市、农村以及区域间的发展不平衡。

第二，数字产业与县域经济的适配性以及就业机会的多样性，为县域经济的高质量发展提供动力。与传统产业相比，数字产业提供了更多就业机会、提升了要素利用效率，促进县域产业由劳动密集型向技术密集型转变，从而提升县域经济韧性、推动县域经济发展。随着互联网的发展，数字产业在县域经济总量中所占的份额逐年递增，对经济的支撑作用愈发明显，县域经济与数字产业的适配性要求数字产业化水平快速稳定发展。

第三，县域经济的高质量发展有助于提高县域技术和教育水平，为数字经济的创新奠定基础。县域经济的高质量发展可以促进劳动力向数字产业过渡，同时为数字经济发展提供所需的人力资本，多余的劳动力可以填补数字技术产业空缺，从而推动数字经济的发展。此外，在经济高质量发展模式下，政府将加大科技普及和教育投资力度，为数字经济发展提供技术和人才支撑。

第三节　实证模型构建

一、耦合度计算

本章构建县域高质量发展水平与数字经济发展水平间的耦合模型，公式如下：

$$C = 2 \times \frac{\sqrt{u_1 \times u_2}}{\left(u_1 + u_2\right)} \tag{4.1}$$

其中，C表示县域高质量发展水平与数字经济发展水平间的耦合程度，数值在［0，1］，C的数值愈大，表示耦合程度愈高。

二、耦合协调度计算

耦合协调度代表两个或更多系统的协同程度，是衡量各系统间相互影响程度的重要指标，数值越大，说明系统间的相互作用越强；相反，数值越小，说明系统间的相互作用和相互影响程度越小。为了对河南省县域高质量发展水平与数字经济发展水平间的协调发展能力进行深入研究，本章采用耦合协调度模型对两者间的相互影响进行研究。具体模型为

$$D=\sqrt{C\times T} \tag{4.2}$$

$$T=\alpha\times u_1+\beta u_2 \tag{4.3}$$

其中，T表示县域高质量发展水平与数字经济发展水平间的协调程度，α表示数字经济发展水平的未定因子，β表示县域高质量发展水平的未定因子，其中，$\alpha=\beta=0.5$。本章将系统耦合度划分为以下几个等级，具体如表 4–1 所示。

表 4–1　县域高质量发展水平与数字经济发展水平耦合协调类型

耦合度	耦合等级	耦合协调度	发展等级
（$0\leqslant C<0.2$）	磨合耦合	（$0\leqslant D<0.2$）	磨合协调
（$0.2\leqslant C<0.4$）	初级耦合	（$0.2\leqslant D<0.4$）	初级协调
（$0.4\leqslant C<0.6$）	中度耦合	（$0.4\leqslant D<0.6$）	中度协调
（$0.6\leqslant C<0.8$）	良好耦合	（$0.6\leqslant D<0.8$）	良好协调
（$0.8\leqslant C\leqslant 1$）	高度耦合	（$0.8\leqslant D\leqslant 1$）	高度协调

第四节　耦合协调性时空分析

一、时间演变趋势

为了更直观地了解河南省县域高质量发展水平与数字经济发展水平间的耦合协调性时间特征，本章利用 Matlab 软件绘制了 2014—2021 年二者耦合协调度的核密度分析图，同时为了分析不同地区县域之间的差异，分别对豫东、豫西、豫南、豫北、豫中五类地区绘制了 Kernel 图。图 4–1 显示了以上地区的分布动态。首先，从分布位置来看，河南省总体及豫东西南北中地区分布重心显著向右侧偏移，这说明各地区的耦合协调度水平呈现出持续提升态势。其次，从波峰的特征来看，峰值呈上升趋势，波峰的形状变窄并由宽峰转变为尖峰，这说明各地区间的差距正在变小。最后，从波峰数目来看，核密度曲线走势具有一致性，2014—2021 年从明显的双峰变成单峰，说明各地区的两极分化现象正在减弱。综上所述，河南省各县域高质量发展水平与数字经济发展水平间的耦合协调度呈不断提高的态势，

各县域间的差异也在不断缩小。

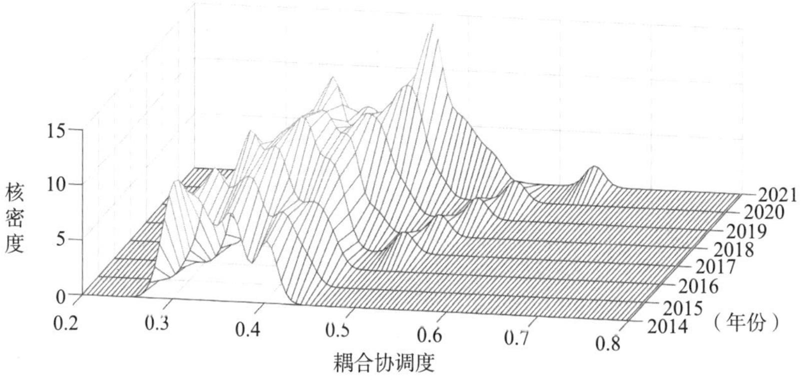

（a）

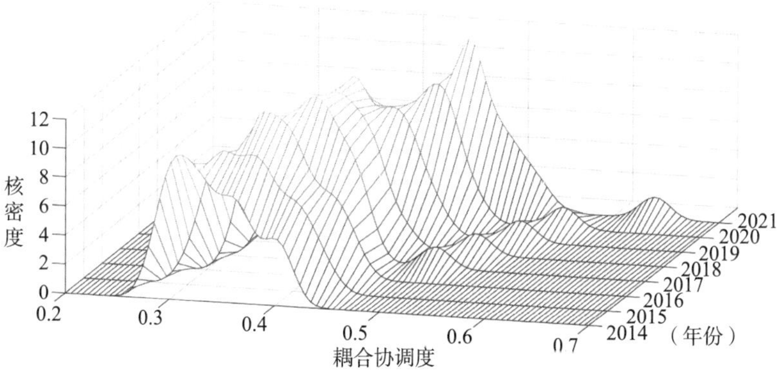

（b）

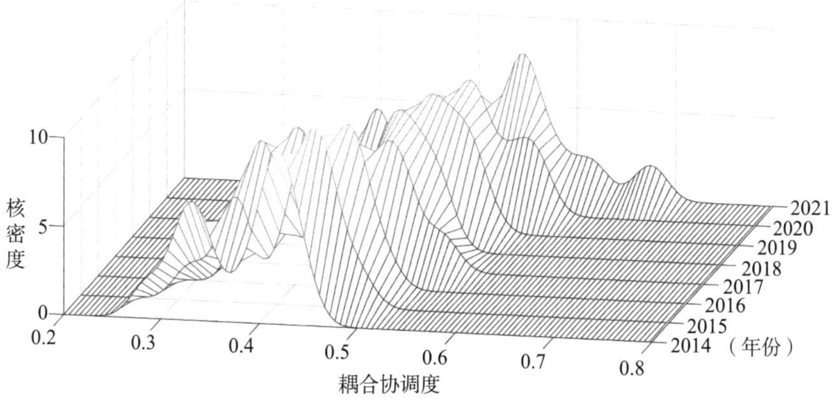

（c）

图 4-1　2014—2021 年河南省县域高质量发展水平与数字经济发展水平耦合协调度核密度分析

（从上至下依次为河南省总体，豫东、豫中、豫西、豫南、豫北地区）

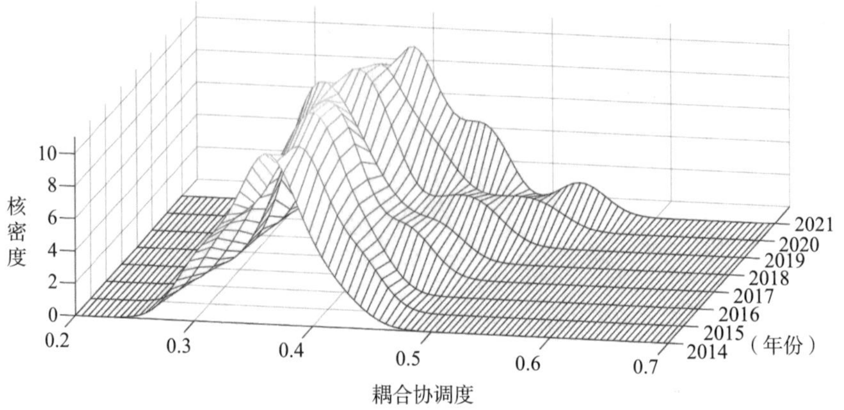

（d）

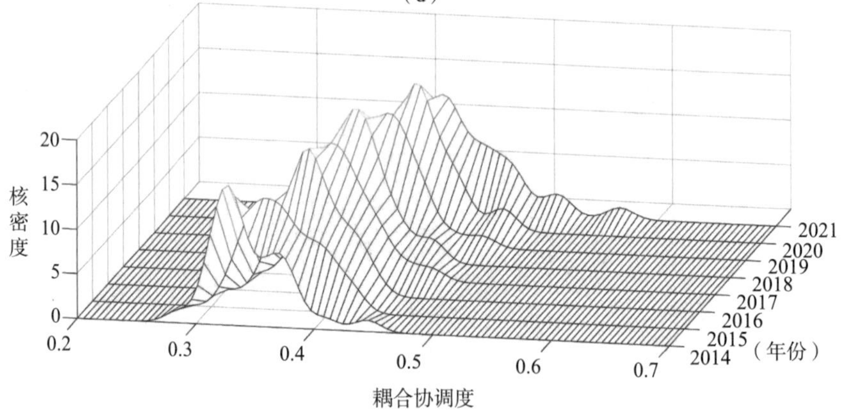

（e）

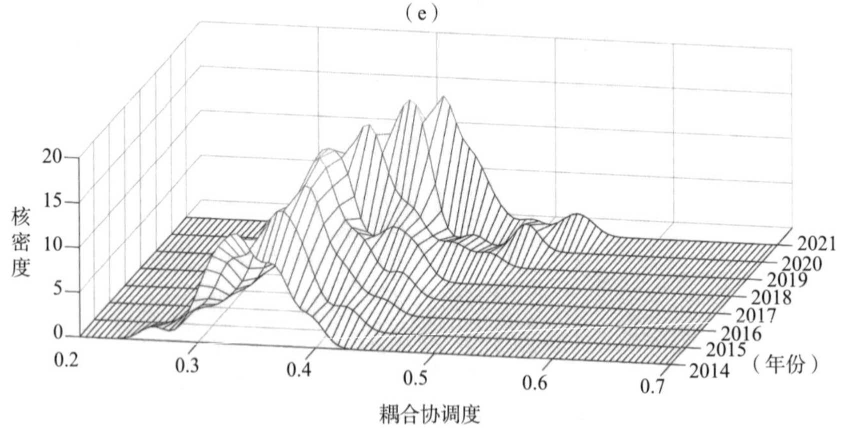

（f）

图 4-1　2014—2021 年河南省县域高质量发展水平与数字经济发展水平耦合协调度核密度分析（续）
（从上至下依次为河南省总体，豫东、豫中、豫西、豫南、豫北地区）

二、空间分布分析

河南省县域在空间分布上较为松散且空间特征反映不够明显，因此，为了更充分地展现河南省县域高质量发展水平与数字经济发展水平间的耦合协调度空间变化，本章将河南省县域划分为豫东、豫西、豫北、豫南、豫中五个部分进行空间分析。从耦合协调度的数据可以看出，河南省各县域的耦合协调发展是一个不断演变的进程（见表 4–2）。

表 4–2 河南省县域高质量发展水平与数字经济发展水平耦合协调度排名（豫东、豫西、豫南、豫北、豫中）

地区	2014 年	地区	2017 年	地区	2021 年
唐河县	0.44420	登封市	0.53315	新郑市	0.67439
登封市	0.44366	永城市	0.50094	永城市	0.63866
巩义市	0.43280	新密市	0.49518	荥阳市	0.61472
汝阳县	0.42993	荥阳市	0.49323	新密市	0.57964
禹州市	0.41805	禹州市	0.47855	固始县	0.56846
新密市	0.41682	巩义市	0.46823	禹州市	0.55282
荥阳市	0.41463	上蔡县	0.46104	巩义市	0.54983
新郑市	0.40864	新郑市	0.45931	汝州市	0.54121
邓州市	0.40844	偃师市	0.44869	登封市	0.53909
项城市	0.40776	汝州市	0.44067	中牟县	0.53847
偃师市	0.40504	邓州市	0.44052	辉县市	0.53773
西华县	0.40042	辉县市	0.43709	宜阳县	0.53068
郸城县	0.40035	宜阳县	0.43537	项城市	0.52878
汝州市	0.39893	项城市	0.43499	林州市	0.52395
林州市	0.39883	长葛市	0.43091	镇平县	0.51798
辉县市	0.39506	林州市	0.42934	长葛市	0.51367
鲁山县	0.39133	郸城县	0.42737	邓州市	0.51215
长葛市	0.38420	固始县	0.42320	郸城县	0.51143
上蔡县	0.38100	虞城县	0.41954	夏邑县	0.49979

续表

地区	2014年	地区	2017年	地区	2021年
南召县	0.37980	夏邑县	0.41867	滑县	0.49284
濮阳县	0.37916	内乡县	0.41846	兰考县	0.49037
内乡县	0.37707	新野县	0.41283	内乡县	0.48607
固始县	0.37379	鹿邑县	0.41117	鹿邑县	0.48554
义马市	0.37309	罗山县	0.40855	潢川县	0.47791
夏邑县	0.37294	濮阳县	0.40791	唐河县	0.47494
武陟县	0.37191	方城县	0.40653	西峡县	0.47291
宝丰县	0.36974	新乡县	0.40363	商水县	0.47068
新乡县	0.36942	博爱县	0.40070	襄城县	0.47016
罗山县	0.36866	民权县	0.39872	太康县	0.46693
栾川县	0.36818	襄城县	0.39787	汤阴县	0.46672
永城市	0.36734	义马市	0.39715	偃师市	0.46667
宜阳县	0.36546	新蔡县	0.39697	沈丘县	0.46279
社旗县	0.36523	社旗县	0.39692	西平县	0.46092
灵宝市	0.36414	太康县	0.39577	伊川县	0.45991
卫辉市	0.36356	商城县	0.39514	柘城县	0.45988
汤阴县	0.36341	商水县	0.39488	民权县	0.45889
鹿邑县	0.36335	滑县	0.39255	光山县	0.45865
孟津县	0.36310	南召县	0.39218	灵宝市	0.45772
商城县	0.36164	孟津县	0.39208	虞城县	0.45583
民权县	0.36044	临颍县	0.39184	杞县	0.45540
叶县	0.35837	灵宝市	0.39148	尉氏县	0.45523
博爱县	0.35798	栾川县	0.38945	濮阳县	0.45507
新野县	0.35583	西峡县	0.38889	孟津县	0.45396
沁阳市	0.35553	卫辉市	0.38874	上蔡县	0.45396
伊川县	0.35381	沈丘县	0.38866	鄢陵县	0.45353
淮滨县	0.35231	兰考县	0.38795	新野县	0.45211
洛宁县	0.35039	叶县	0.38566	新安县	0.44583

续表

地区	2014年	地区	2017年	地区	2021年
虞城县	0.35002	宝丰县	0.38486	武陟县	0.44545
襄城县	0.34833	平舆县	0.38302	沁阳市	0.44478
内黄县	0.34535	中牟县	0.38288	泌阳县	0.44348
息县	0.34271	西华县	0.38284	淅川县	0.44297
郏县	0.34201	镇平县	0.38272	新乡县	0.44277
安阳县	0.34170	泌阳县	0.38138	卫辉市	0.44126
温县	0.34076	沁阳市	0.38134	临颍县	0.44035
杞县	0.33950	西平县	0.38108	商城县	0.43428
桐柏县	0.33611	淅川县	0.37838	方城县	0.42909
光山县	0.33580	伊川县	0.37821	安阳县	0.42896
孟州市	0.33506	鄢陵县	0.37795	淮滨县	0.42868
滑县	0.33356	武陟县	0.37790	温县	0.42748
西峡县	0.33330	淮滨县	0.37522	息县	0.42742
平舆县	0.33214	安阳县	0.37473	扶沟县	0.42683
中牟县	0.33161	杞县	0.37373	原阳县	0.42437
兰考县	0.33137	光山县	0.37351	罗山县	0.42293
渑池县	0.33114	汝南县	0.37321	栾川县	0.42238
封丘县	0.33096	洛宁县	0.37288	确山县	0.42180
获嘉县	0.33045	柘城县	0.37190	社旗县	0.41979
鄢陵县	0.33023	获嘉县	0.36775	孟州市	0.41908
新蔡县	0.32977	正阳县	0.36650	范县	0.41905
延津县	0.32875	孟州市	0.36597	清丰县	0.41654
潢川县	0.32857	清丰县	0.36587	桐柏县	0.41565
太康县	0.32813	睢县	0.36564	获嘉县	0.41508
沈丘县	0.32654	新安县	0.36521	睢县	0.41495
淅川县	0.32651	汤阴县	0.36494	新蔡县	0.41400
泌阳县	0.32590	内黄县	0.36417	内黄县	0.41381
西平县	0.32410	温县	0.36398	封丘县	0.41375

续表

地区	2014 年	地区	2017 年	地区	2021 年
新安县	0.32356	确山县	0.36325	平舆县	0.41363
正阳县	0.32165	潢川县	0.36317	博爱县	0.41357
汝南县	0.32079	郏县	0.36253	洛宁县	0.41079
临颍县	0.31914	息县	0.36240	汝南县	0.41051
镇平县	0.31880	渑池县	0.36188	延津县	0.41032
清丰县	0.31756	尉氏县	0.36137	西华县	0.41016
柘城县	0.31676	舞阳县	0.36010	南召县	0.40551
南乐县	0.31613	唐河县	0.35988	正阳县	0.40446
修武县	0.31612	南乐县	0.35908	郏县	0.40402
遂平县	0.31539	封丘县	0.35871	遂平县	0.39967
淇县	0.31355	通许县	0.35708	卢氏县	0.39921
确山县	0.31104	桐柏县	0.35598	叶县	0.39755
通许县	0.31089	遂平县	0.35374	渑池县	0.39725
新县	0.31000	扶沟县	0.35342	宝丰县	0.39615
舞钢市	0.30703	延津县	0.35279	嵩县	0.39314
商水县	0.30642	修武县	0.34647	舞阳县	0.39144
浚县	0.30498	鲁山县	0.34570	南乐县	0.39093
范县	0.30473	嵩县	0.34543	通许县	0.38667
卢氏县	0.30357	汝阳县	0.34531	义马市	0.38622
扶沟县	0.29929	卢氏县	0.34390	淇县	0.38555
睢县	0.29906	范县	0.34293	浚县	0.38517
尉氏县	0.29885	新县	0.33987	修武县	0.38314
嵩县	0.29674	宁陵县	0.33952	舞钢市	0.37732
原阳县	0.29211	浚县	0.33864	汝阳县	0.37619
宁陵县	0.28792	原阳县	0.33578	台前县	0.37453
舞阳县	0.28605	淇县	0.33121	宁陵县	0.36763
方城县	0.28446	台前县	0.32090	新县	0.36649
台前县	0.26163	舞钢市	0.32061	鲁山县	0.36523

从表 4–2 可以看出，2014 年，河南省大部分县域的耦合协调度还处于一个较低水平，除了豫中地区部分县域以及豫东、豫南、豫西地区个别县域达到中级协调阶段，其余县域都处于初级协调阶段。2017 年，河南省县域高质量发展水平与数字经济发展水平间的耦合协调度呈扩散分布状态，以豫中地区为中心，四周县域开始从初级协调向中级协调转变，但仍无县域达到良好协调及以上阶段。2021 年，豫东南西北中地区大部分县域都脱离了初级协调阶段，达到了中级协调，其中豫中地区的荥阳市、新郑市以及豫东地区的永城市实现了良好协调，仍处于初级协调阶段的县域大多集中在豫西地区。2014—2021 年，河南省县域高质量发展水平与数字经济发展水平间的耦合协调度在空间上发生了显著变化，呈现以初级协调为主—初级协调向中级协调过渡—以中级协调为主并向良好协调过渡的三阶段演化趋势。总的来看，豫中地区的耦合协调度水平在河南全省始终居于领先地位，这可能是因为河南省实行强省会战略，而省会郑州市恰好坐落于此，所以该地区的整体经济发展水平较高，带动地区教育水平和城市居民、企业数字素养水平更高，同时关于数字经济的政策保障也更为完善，能够更加充分地发挥数字要素的内生动力，在优化产业结构、改善消费结构、提高科技创新能力、提升社会治理水平以及促进地区绿色发展等方面发挥积极作用，更好地以数字经济驱动县域高质量发展。

第五节　空间相关性分析

一、全局空间相关性

本章使用 Geada 软件进行空间自相关分析，对河南省数字经济发展水平与县域高质量发展水平间的耦合协调关系以及空间特征进行研究。*Moran's* I 取值在［–1，1］，当 *Moran's* I<0 时，表明区域间存在显著性差异，趋异聚集；当 *Moran's* I>0 时，呈空间正相关联系，趋同集聚；当

Moran's I=0 时，则属性值在空间上随机分布。从全局空间相关性计算结果来看（见表 4–3），2014—2021 年全局莫兰指数大于零，置信度大于 95%，*z* 得分的绝对值也大于 1.96，通过了显著性水平检验，证明在时空上具有有效性，说明河南省数字经济发展水平与县域高质量发展水平之间具有正向空间相关性，相邻县域之间呈现出空间集聚特征。

表 4–3　2014—2021 年全局空间相关性计算结果

年份	*Moran's* I 指数	期望值	*z* 得分	*p* 检验
2014	0.223	–0.0098	3.8834	0.001
2015	0.295	–0.0098	4.8724	0.001
2016	0.378	–0.0098	5.5114	0.001
2017	0.364	–0.0098	5.4900	0.001
2018	0.311	–0.0098	5.0085	0.001
2019	0.286	–0.0098	4.6731	0.001
2020	0.311	–0.0098	5.5701	0.001
2021	0.320	–0.0098	5.4718	0.001

二、局部空间相关性

莫兰散点图可以反映出河南省数字经济发展水平与县域高质量发展水平间的耦合协调度及空间分布关系，4 个象限将空间的集聚状态分为了高—高聚集（H–H）、低—高聚集（L–H）、低—低聚集（L–L）及高—低聚集（H–L）4 种模式。从图 4–2 可以看出，2014 年与 2021 年河南省各县域多数处于第一、第三象限，这与全局空间自相关的检验结果是一致的，验证了河南省数字经济发展水平与县域高质量发展水平间的耦合协调度存在正向相关性的结论，其中位于第三象限的地区数量最多，说明处于低—低聚集区的县域最多，较低的耦合协调度伴随较低的耦合协调能力。总体来看，河南省大部分县域的耦合协调度水平分布在第一、第三象限，呈现出高高、低低集聚的现象，说明河南省数字经济发展水平与县域高质量发展间的耦合协调度存在空间相关性。

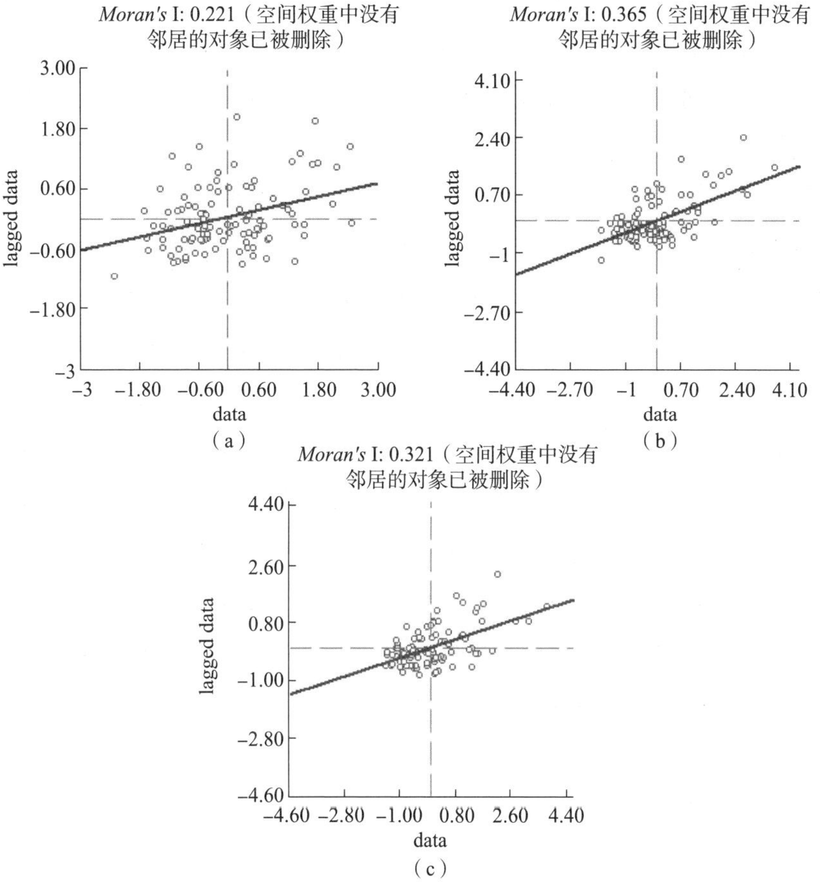

图 4-2 莫兰指数散点
（从上至下依次为 2014 年、2017 年、2021 年）

第六节 研究结论与政策建议

本章的研究结论如下。整体上，河南省数字经济发展水平与县域高质量发展水平间的耦合协调度在时间上经历了从初级协调到中级协调，再到良好协调的变化。在空间上存在地域差异，耦合协调度表现为：示范引领县 > 整体推进县 > 巩固提升县；豫中地区 > 豫东南西北地区。

根据研究结论，提出如下政策建议。第一，发挥豫中地区的示范引领作用。豫中地区由于资源禀赋、区域位置以及经济发展的优势，应在保持高速发展的同时兼顾相对落后地区的发展，充分发挥耦合协调发展的空间溢出效应，向豫东西南北地区进行扩散，针对耦合协调度较高的县域，应当保留其原来的发展优势，为数字经济在河南省县域经济高质量发展领域的创新运用奠定基础。第二，对于豫东、豫北地区呈块状发展的县域应优化其要素空间分布，加强与其他地区的协同发展。其中，修武县、新乡县、栾川县、温县等县域的数字经济发展水平较高，但高质量发展水平相对落后，应补齐其经济结构短板，统筹推进数字经济与县域经济高质量发展。第三，各县域应结合自身的发展状况，因地制宜地制定和实施差异化发展战略。对经济发展滞后的地区要提高经济发展水平、加大政府财政扶持力度，在协同作用较强的地区要持续发挥空间聚集优势。加强对创新型人才，特别是数字化创新型人才的引进与交流，通过县域间的协同创新推动数字经济协调发展，重点推进数字经济在县域建设、经济、政治、生活等领域的实践，以创新带动县域高质量发展。

第五章

数字经济、居民消费对河南省县域高质量发展的影响

第一节　引言及文献综述

在大数据、物联网、人工智能、区块链、5G 互联网等新一轮信息技术创新的同时，数字经济已成为我国经济发展最为活跃的领域，发挥着引擎作用。从发展规模来看，中国数字经济发展规模由 2016 年的 22.4 万亿元增长到 2022 年的 50.2 万亿元，总量稳居世界第二位，占 GDP 比重提升至 41.5%。我国数字经济规模在保持高速增长态势之下逐渐成为国民经济的重要组成部分和增长动力。此外，新常态下转变经济增长模式、注重经济高质量发展而非高速增长成为社会各界共识，数字经济成为推动经济高质量发展的重要动力。

与此同时，县域作为我国国民经济的区域基本单元，在经济增长和带动农业农村发展中占据重要地位。县域经济高质量发展是实现乡村振兴、加快城乡全面融合发展、深入推进新型城镇化建设的必经之路，在推动经济高质量发展中发挥着关键作用（刘国斌、韩雨婷，2019）。然而，县域内诸如基础设施不完善、金融服务供给有限、产业支撑不足等问题始终制约着县域经济的高质量发展，县域经济发展缓慢成为中西部和东北等欠发达地区整体发展滞后的重要原因（魏后凯等，2022）。河南省县域数量多、地域广，县域经济发展直接决定其经济发展水平和规模。据统

计，河南省生产总值从2016年的2.72万亿元跃升到2022年的3.67万亿元。虽然近年来河南省县域经济得到快速发展，但与东部地区相比仍存在差距。县域经济高质量发展既是顺应时代发展潮流的需要，也是县域经济转型升级的必然选择。因此，如何促进县域经济高质量发展，近年来受到各界高度重视。对于该问题，需从已有文献分析。从现有文献来看，学者主要从数字经济能否促进高质量发展、内在机制以及路径选择三大方面进行研究。关于数字经济能否促进高质量发展，有学者认为数字经济自身独特的优势带动了地区经济发展（郭峰等，2023），且该影响存在异质性，东部地区和中心城市的数字经济对高质量发展的积极影响更大（赵涛等，2020）。此外，另有学者研究发现数字经济对高质量发展的影响并非是线性关系，而是“先抑制后促进”的“U”形关系，且正向促进作用具有“边际效应”递增的非线性特征（李治国等，2024）。关于数字经济对高质量发展影响的内在机制研究，已有研究认为，数字经济促进高质量发展的内在机制是多维、复杂的。有学者认为数字经济通过产业结构合理化（罗茜等，2022）、提升居民消费水平（薛秋童、封思贤，2022）、优化劳动力配置（孟维福、郭正燕，2024）等路径提升高质量发展水平。此外，还有学者研究发现，数字经济通过提升供给体系质量、提高全要素生产率为高质量发展赋能（任保平、何厚聪，2022）。关于数字经济驱动高质量发展的路径选择研究，有学者认为产业链结构现代化是数字经济驱动高质量发展的关键一环（吕宏军、侯娜娜，2024）。还有学者认为，数字经济不断发展带来的技术创新为推进高质量发展提供了保障（薛阳等，2023）。

数字经济为我国扩大内需潜力做出了积极贡献，引起了学术界对数字经济与居民消费关系的广泛研究，其研究主题主要集中在数字经济对居民消费影响的理论研究及实证研究两个方面。在理论研究上，学者认为，以大数据、物联网等为代表的数字经济转变了原有线下交易方式、提升了交易效率（易宪容等，2019），并缩小了城乡消费市场差距（马玥，2021）。此外，数字经济发展推动人们将原有的生存型消费层次转向享受型消费（高振娟等，2021），以推动消费市场良性发展。上述理论研究为学者进一步实证检验提供了丰富的理论依据。在实证研究上，学者发现数字经济显著促进了居民消费，其作用分别表现在消费水平的提高、消费结构的升级、消费差距的缩小以及消费潜力的释放四个方面。具体地，数字经济发展提高了支付便利性、减少了流动性约束、降低了家庭不确定性，进而促进居民消费（贺唯唯、侯俊军，2023）。除此之外，数字经济发展还促进消费结构升级。杨碧云等（2022）基于中国家庭金融调查（CFPS）数据进行实证研究，结果表明数字经济发展推动了居民家庭消费结构优化、促进了居民家庭消费升级，且在数字经济发展水平较高地区数字经济对居民家庭消费升级的作用更显著。还有学者研究发现，数字经济通过提高消费信贷便利性缩小城乡消费差距（魏君英等，2022）。但还有学者认为，在数字经济发展过程中会出现由资源分配不均导致的数字鸿沟，从而抑制居民消费（杨碧云等，2023）、扩大消费差距（张勋等，2020）。另有学者研究发现，数字经济对居民消费的影响具有正向空间溢出效应，并随着空间距离的增加呈递减趋势（熊颖、郭守亭，2023）。

新发展格局下，拉动内需战略和畅通国民经济循环的落脚点在县域经济。数字经济是否驱动了河南省县域高质量发展？如果该效应得到证实，数字经济是否通过居民消费来赋能县域高质量发展？居民消费在其中具有多大的影响效应？为探究上述问题，本章选取 2019—2020 年河南省 94 个县域作为样本数据，在测量其数字经济发展水平和高质量发展水平的基础上，从居民消费视角实证检验数字经济对河南省县域高质量发展的影响及其作用机制。

本章可能的边际贡献在于三个方面。第一，参照北京大学新农村发展学院编制的县域数字乡村指数，对数字经济在县域乡村的发展衡量指标体系做出详细分解，基于数字基础设施、乡村经济数字化、乡村生活数字化、乡村治理数字化 4 个测量维度，刻画出数字经济带来的多方面、全领域影响机制。第二，将河南省县域划分为中原城市群、豫北地区、豫西和豫西南地区、黄淮地区四大区域进行异质性分析，考察由地理位置和发展水平等带来的区域异质性。第三，从居民消费视角实证检验数字经济对河南省县域高质量发展的影响及作用机制。

第二节　理论机制分析

一、数字经济对河南省县域高质量发展的直接影响

第一，数字经济作为一场由信息技术发展不断推进创新的社会经济革命，以高创新、强渗透和广覆盖的特点，能够发挥技术创新、优化资源配置和信息获取等功能，促进河南省县域高质量发展。具体地，在数字经济时代，作为一种与资本、劳动力同样重要的生产要素，数字资源借助数字技术，能够有效提高地区技术创新的速度（徐翔、赵墨非，2020），为地区经济高质量发展奠定坚实基础。与此同时，新型基础设施建设（新基建）直接参与了社会经济活动。相关研究表明，“新基建”构建了县域效率变革机制、动能转换机制、机构优化机制，在驱动县域高质量发展中起着重要引擎作用（完世伟、汤凯，2020）。第二，数字经济的发展可以为消费者提供更丰富的信息获取渠道，改变原有的市场单一供给模式，保证资源在供需双方的双向流动，从而刺激消费者的多样化需求，有需求就有市场，提高市场产品的多元化，降低消费者的选择和交易成本，能够有效促进县域高质量发展。此外，借助数字化平台，政府能够充分发挥治理优势、降低地方治理成本。第三，在数字经济背景下，互联网的发展和大量数字技术的运用，能产生规模经济。一方面，互联网催生了淘宝、亚马逊等一系列电子商务产业的发展，激发出更多的消费潜力；另一方面，数字技术的运用使金融服务和教育行业摆脱了原有的行业限制（祝合良、王春娟，2020），拓宽了线上渠道。在数字经济的综合作用下，市场规模不断扩大并产生规模效应，为县域经济高质量发展提供量的积累。

基于以上分析，提出如下研究假设。

H1：数字经济赋能河南省县域高质量发展效果显著。

二、数字经济通过提高居民消费水平促进县域高质量发展

数字经济作为中国经济发展的新动能，同样也是当前扩大内需的重要着力点。数字经济可以通过提升支付便利性、缓解流动性约束等途径带动居民消费、提高居民消费水平。第一，数字经济的发展带动了数字金融的普及，提升了支付便利性，进而提高了居民消费水平。数字金融为居民网购提供了更加便利的条件，使居民足不出户就能实现商品购买需求的满足，放松了现金对消费的限制力，提高了支付便利性，引导居民增加消费（张勋等，2020）。第二，数字金融凭借增加流动性供给的途径改善了金融的可得性。根据流动性约束假说，传统金融市场存在的现实问题会减少消费者当期消费；而数字金融的包容性和普惠性特点弥补了传统金融市场的缺陷，为消费者特别是中小微弱群体提供花呗、借呗等信贷服务，降低了流动性约束，进而拉动居民消费。

与此同时，居民消费水平的提高也有利于促进县域经济高质量发展。党的二十大报告指出，要着力扩大内需，增强消费对经济发展的基础性作用。近年来，我国经济面临结构转型，进入高质量发展的经济新常态，在出口和投资拉动型经济难以为继的情况下，消费对推动经济高质量发展的作用日益凸显，特别是居民消费水平的提高成为促进经济高质量发展的关键所在，而经济高质量发展的突破点是县域，因此提高居民消费水平对推动县域经济高质量发展的作用不言而喻。

基于以上分析，提出如下研究假设。

H2：数字经济通过提高居民消费水平促进县域高质量发展。

第三节　模型、变量与数据

一、研究模型构建

（1）基准回归模型。

为检验前述研究假设，对直接传导机制建立如下基准回归模型：

$$Hq_{it} = \alpha_0 + \alpha_1 Dig_{it} + \alpha_3 Control_{it} + \gamma_i + \epsilon_{it} \tag{5.1}$$

其中，Hq_{it} 表示县域 i 在 t 时期的高质量发展水平，Dig_{it} 表示县域 i 在 t 时期的数字经济发展水平，$Control_{it}$ 表示控制变量集，γ_i 表示县域 i 不随时间变化的个体固定效应，ϵ_{it} 表示随机干扰项。

（2）中介效应模型。

为深入研究数字经济赋能河南省县域高质量发展的内在机制，在基准回归模型（5.1）的基础上，设定数字经济对居民消费水平的影响模型（5.2），具体中介效应模型如下：

$$Cons_{it} = \beta_0 + \beta_1 \ln Dig_{it} + \beta_2 \ln Control_{it} + \gamma_i + \epsilon_{it} \tag{5.2}$$

模型（5.2）中，$Cons_{it}$ 表示县域 i 在 t 时期的居民消费水平，其他变量与模型（5.1）一致。

二、变量选取与说明

（1）被解释变量。县域高质量发展水平（Hq），来自第三章构建的河南省县域高质量发展指数。

（2）核心解释变量。数字经济发展水平（Dig），来自第三章构建的数字经济发展指数。

国内外众多学者对数字经济发展水平测度进行了一系列有益探索，由前述文献综述可知，目前对数字经济发展水平的测度主要分为直接法和对比法，但受到多方面统计的影响，数字经济的指标选取和测度设计仍存在一定完善的空间。一是数字经济发展难以量化。诸多学者将基础设施建设和地方教育水平等纳入数字经济发展水平体系，但往往存在数据难以量化的问题。二是数字经济本身特有的虚拟性、高渗透性和外部性等特征加剧了数字经济发展水平测度的困难（温珺等，2019）。三是没有统一的测度标准。如第一章文献综述梳理的测度方法，众多学者、机构侧重的方面不同，因此，目前有关数字经济发展水平的测度依旧存在缺乏统一口径的问题。四是现有数字经济发展水平测度的文献多围绕省市展开，样本单位范围大，缺乏对县域的研究。为保证数据的可获得，综合考量下，本书参考北京大学新农村发展研究院与阿里研究院联合编制的《县域数字乡村指数报告（2020）》作为河南省县域数字经济发展水平的代理变量，该指数首次将研究样本细化到县域，具有覆盖面广、内容详细、客观性强等特点，能够真实有效反映河南省县域数字经济发展水平。考虑到指标的可比性原则，本书选取2019—2020年可比数据进行分析。具体地，选取报告内总指标数字经济发展指数作为河南省县域数字经济发展水平的代理变量，包括乡村数字基础设施指数、乡村经济数字化指数、乡村治理数字化指数、乡村生活数字化指数四个一级指标。具体评价体系如表5-1所示。

表5-1　数字经济发展指数及说明

总指标	一级指标	二级指标	具体指标
数字经济发展指数（*Dig*）	乡村数字基础设施指数（0.31）	数字金融基础设施指数（0.3）	数字金融基础设施覆盖广度
			数字金融基础设施使用深度
	乡村数字基础设施指数（0.31）	数字商业地标指数（0.2）	单位面积抓取的商业地标POI总数中线上自主注册的商业地标POI数占比
		基础数据资源体系指数（0.20）	阿里云企业用户数

续表

总指标	一级指标	二级指标	具体指标
数字经济发展指数（*Dig*）	乡村经济数字化指数（0.27）	数字化生产指数（0.40）	国家现代农业示范项目建设
			国家新型工业化示范基地建设
			所有行政村中淘宝村占比
		数字化供应链指数（0.30）	每万人所拥有的物流网点数
			每平方千米所拥有的物流网点数
			接收包裹的物流时效
		数字化营销指数（0.2）	每亿元第一产业增加值中农产品电商销售额
			有无直播销售
			是否是电子商务进农村综合示范县
			每万人中的网商数
		数字化金融指数（0.1）	普惠金融的数字化程度
	乡村治理数字化指数（0.20）	治理手段指数（1.00）	每万人支付宝实名用户中政务业务使用用户数
			所有乡镇中开通微信公众服务平台的乡镇占比
	乡村生活数字化指数（0.22）	数字消费指数（0.28）	每亿元社会消费品零售总额中线上消费金额
			每亿元 GDP 中电商销售额
		数字文旅教卫指数（0.52）	每万人的线上旅游平台记录景点数
			每万人的线上旅游平台记录景点累计评论总数
			每万人网络医疗平台注册的来自该县域的医生数
		数字生活服务指数（0.20）	每万人支付宝用户中使用线上生活服务的人数
			人均线上生活缴费订单数
			人均线上生活缴费金额

（3）机制变量。借鉴陈东和刘金东（2013）的方法，采用居民人均消费支出的自然对数衡量居民消费水平，具体计算方法为：县域居民消费水平 =ln（城镇居民人均消费支出 × 城镇常住人口比重 + 农村居民人均消费

支出 × 农村常住人口比重)，具体数据来源于各县历年统计公报。

(4) 控制变量。为了更加全面地分析县域高质量发展过程中数字经济的作用机制，应加入可能对县域高质量发展产生影响的其他控制变量，本书将政府干预程度、财政分权程度、教育水平、通货膨胀率、居民收入水平五个控制变量纳入实证研究。具体如下。

政府干预程度（*Gov*）：采用政府一般财政预算支出与地区生产总值的比值表示。

财政分权程度（*fis*）：借鉴赵涛等（2020）的方法，采用财政预算收入与财政预算支出的比值表示。

教育水平（*Edu*）：采用普通在校生人数表示。

通货膨胀率（*inf*）：采用居民消费价格指数表征。

居民收入水平（*income*）：采用居民人均可支配收入的对数反映居民收入水平，具体计算方法：县域居民人均可支配收入 =ln（城镇居民人均可支配收入 × 城镇常住人口比重 + 农村居民人均可支配收入 × 农村常住人口比重）

三、数据来源及描述性分析

本章选取 2019—2020 年河南省 94 个县域作为研究样本，并对部分缺失值采用线性差值法进行填补。此外，本章剔除了考察期内数据缺失严重的部分县域。核心解释变量数字经济发展水平和被解释变量县域高质量发展水平数据均来源于《县域数字乡村指数报告》《中国县域统计年鉴》《河南省统计年鉴》，以及各县域国民经济和社会发展统计公报等，少量数据来源于中经数据网。

鉴于取对数及标准化处理后的数据无法直观显示变量特征，本书描述性统计中变量均为原始数据，结果如表 5–2 所示。整体来看，变量最大值和最小值并不存在明显异常值。其中，县域高质量发展水平（*Hq*）均值为 0.323、最大值为 0.582、最小值为 0.173，表明河南省县域发展质量存在差异。数字经济发展水平（*Dig*）均值为 64.71、最大值为 83.30、最小值为 49.09、标准差为 6.073，表明河南省各县域数字经济发展水平存在差异，这为后文异质性检验提供了证据。机制变量居民人均消费支出均值为14.60，最大值和最小值相差约13个单位，表明地区消费支出有较大差异。控制变量中，不同县域的政府干预程度、财政分权程度、教育水平、通货膨胀率和居民收入水平也存在一定差异。

表 5-2 描述性统计

变量	（1） 观测值	（2） 均值	（3） 标准差	（4） 最小值	（5） 最大值
Dig	188	64.71	6.073	49.09	83.30
数字基础设施指数	188	64.18	3.118	58.16	76.30
乡村经济数字化指数	188	67.18	6.866	53.48	88.49
乡村治理数字化指数	188	63.92	19.72	16.53	114.4
乡村生活数字化指数	188	60.85	13.00	30.53	102.1
Hq	188	0.323	0.0767	0.173	0.582
Gov	188	0.179	0.059	0.067	0.376
fis	188	0.313	0.152	0.101	0.729
Edu	188	46.06	19.73	13.05	105.7
inf	188	102.6	0.726	100.1	105.4
income	188	21.51	3.817	1.925	30.73
居民人均消费支出（*Cons*）	188	14.60	2.534	8.802	22.42

第四节 实证结果分析

一、基准回归分析

豪斯曼检验结果表明固定效应优于随机效应，同时比较个体固定效应、时间固定效应和双向固定效应，综合考量下，本章选用个体固定效应模型进行估计。

数字经济对河南省县域高质量发展水平影响的估计结果如表5-3中模型（1）和模型（2）所示。其中，模型（1）为数字经济对河南省县域高质量发展影响的直接回归结果，数字经济的估计系数为 0.306，即数字经济发展水平每提高 1 个单位，县域高质量发展水平提升 0.306 个单位。鉴于控制变量会影响数字经济与县域高质量发展间的关系，模型（2）为加入控制变量后的回归结果，数字经济估计系数由 0.306 降低为 0.275，但仍在 1% 的水平上显著，即加入控制变量后，数字经济发展水平每提高 1 个单位，县域高质量发展水平提升 0.275 个单位。可以发现，无论是否添加控制变量，核心解释变量数字经济发展水平的估计系数均在 1% 的水平上显著为正，表明数字经济正向推动河南省县域高质量发展，假设 H1 得到证实。究其原因，一是数字经济以先进的数字技术缩短了生产时间及流动时间，从而达到提升劳动生产率的目的，是县域经济高质量发展的新动力。二是数字经济作为一场由信息技术发展不断推进创新的社会经济革命，能够充分发挥技术创新、优化资源配置、信息获取等功能，促进河南省县域高质量发展。

控制变量对河南省县域高质量发展具有重要影响。政府干预程度（*Gov*）对县域高质量发展的估计系数为 0.298，在 5% 的水平上显著为正，表明适当的政府干预可以显著促进县域高质量发展。政府扩大干预能够增加资金供给，为地区基础设施建设提供财政支持，并为特定对象提供政策倾斜，减少中小微弱群体的信贷约束。

财政分权程度（*fis*）对县域高质量发展的估计系数为 0.220，且在 1% 的水平上显著，说明财政分权有利于县域高质量发展。财政分权体系的科学化、合理化是县域经济高质量发展的保障，一方面有利于充分调动县级政府的担当，另一方面也可为县域社会事业发展提供资金支持。

教育水平（*Edu*）对县域高质量发展的估计系数为 -0.0229，但未通过 10% 的水平检验，表明教育水平的提高不利于县域高质量发展。可能的原因是，在国家政策支持下，整体上河南省县域教育仍处于较低水平，且教育投入度可能趋于最高点，地区经济无法承受更多的教育投入，从而造成教育投入越高，经济增长越缓乃至经济质量越低的结果。

通货膨胀率（*inf*）与县域高质量发展之间存在不显著的负向关系，表明通货膨胀率并未显著促进县域发展质量的提升。过高的通货膨胀率会导致社会实际货币余额降低、消费者剩余减少，最终引起经济低效率运行（Sidrauski，1967），阻碍县域发展质量提高。

居民收入水平（*income*）对县域高质量发展的估计系数为 0.0350，但并未通过 10% 水平的检验，表明随着居民收入水平提高，县域发展质量并未得到有效提升。可能的原因在于，样本区间为 2019—2020 年，该时期内居民人均可支配收入受多方面影响，整体呈下降趋势，尚未充分发挥对县域经济质量的提升作用。

表 5–3　基准回归结果

变量	（1） *Hq*	（2） *Hq*
Dig	0.306*** （10.97）	0.275*** （8.26）
Gov		0.298** （2.24）
fis		0.220*** （3.03）
Edu		−0.0229 （−1.22）
inf		−0.249 （−1.31）
income		0.0350 （1.24）
常数项	−1.001*** （−8.58）	0.142 （0.15）
控制变量	No	Yes
个体固定效应	Yes	Yes
时间固定效应	No	No
N	188	188
adj. R^2	0.518	0.573

注：*t* statistics in parentheses，** 表示 $p<0.05$，*** 表示 $p<0.01$。

二、内生性检验

在基准回归中，尽管已经尽可能多地加入政府干预程度、财政分权程度、教育水平、通货膨胀率、居民收入水平等控制变量，以消除由遗漏变量造成的内生性问题，但仍存在由县域高质量发展推动数字经济发展这一反向因果问题的可能性。原因在于，数字经济发展水平的提高可以促进县域经济发展质量提升；县域高质量发展有利于数字经济的深入使用，并进一步推动数字经济发展。鉴于此，采取工具变量模型检验数字经济发展是否在因果意义上影响了河南省县域高质量发展，以克服两者间的内生性问题。

具体地，借鉴相关文献，选取两个距离变量作为本章的工具变量。第一，选用县域所在地与杭州的球面距离。从工具变量与核心解释变量数字经济发展水平的相关性上来看，县域所在地到杭州的球面距离与当地数字经济发展水平存在直接关系。其原因是，在很大程度上以支付宝为代表的数字金融的普遍运用是中国数字经济发展的具体体现，而杭州是数字金融的起源地，一些学者认为，地区与杭州的地理距离越近，其数字经济发展水平越高。从工具变量与被解释变量县域高质量发展水平的外生性上来看，县域所在地与杭州的球面距离不会直接影响该县域的发展质量，符合工具变量的外生性条件。第二，选用县域所在地与“八纵八横”光缆骨干网节点城市间的球面距离。从工具变量与核心解释变量数字经济发展水平的相关性上来看，历史上光缆骨干网节点城市往往具备宽带等数字经济发展所必需的基础设施，能够预期，县域所在地与节点城市的地理距离越近，其数字经济发展水平越高。从工具变量与被解释变量县域高质量发展水平的外生性上来看，县域所在地与“八纵八横”光缆骨干网节点城市间的球面距离是历史地理距离，同样符合外生性变量的特点。考虑到两个工具变量均为截面数据，无法完全反映河南省数字经济随时间变化的特点，所以，将两个工具变量分别与河南全省（除本县外）数字经济发展指数均值交乘，得出两个新的带有时间变化效应的工具变量，分别记为 Iv_1，Iv_2。

表 5-4 报告了工具变量模型的估计结果。其中列（1）和列（2）为工具变量 Iv_1 两阶段的估计结果。列（1）第一阶段回归结果显示，县域所在地到杭州的球面距离和全省（除本县外）数字经济发展指数均值的交互项（Iv_1）估计系数为 0.0020，在 1% 的水平上显著，说明该工具变量符合相关性条件；列（2）第二阶段回归结果显示，*Kleibergen-Paap rk LM* 统计量在 1% 的水平上显著，拒绝工具变量识别不足的原假设，同时，*Cragg-Donald*

Wald F 统计量为 222.051，远大于弱识别检测 10% 水平上的临界值 16.38，拒绝弱工具变量的原假设。此外，在考虑内生性后，数字经济发展水平与县域高质量发展水平在 1% 的水平上显著，在控制变量不变的前提下，估计系数由未考虑内生性时的 0.275 增加到考虑内生性后的 0.3859。列（3）和列（4）为工具变量 Iv_2 的估计结果。列（3）为县域所在地到“八纵八横”光缆骨干网节点城市的球面距离和全省（除本县外）数字经济发展指数均值的交互项（Iv_2）的估计结果，估计系数为 0.0128，同样在 1% 的水平上显著，表明工具变量 Iv_2 与核心解释变量数字经济发展水平具有相关性；列（4）第二阶段回归结果显示，*Kleibergen-Paap rk LM* 统计量在 1% 的水平上显著，拒绝工具变量识别不足的原假设，*Cragg-Donald Wald F* 统计量为 106.520，大于弱识别检测 10% 水平上的临界值 16.38，拒绝弱工具变量的原假设。在考虑内生性后，数字经济对县域高质量发展影响的估计结果仍在 1% 的水平上显著，且估计系数相较基准回归结果有所上升。

表 5–4　内生性检验

变量	Iv_1		Iv_2	
	Dig	*Hq*	*Dig*	*Hq*
	第一阶段回归（1）	第二阶段回归（2）	第一阶段回归（3）	第二阶段回归（4）
Iv	0.0020***（10.82）		0.0128***（7.33）	
Dig		0.3859***（10.00）		0.3951***（8.55）
Kleibergen-Paap rk LM statistic		23.764***		20.716***
Cragg-Donald Wald F statistic		222.051（16.38）		106.520（16.38）
常数项	3.3780（1.36）	−0.6884（−0.66）	4.9039（1.65）	−0.7587（−0.70）
控制变量	Yes	Yes	Yes	Yes
个体固定效应	Yes	Yes	Yes	Yes
时间固定效应	No	No	No	No
观测值	188	188	188	188

注：*t* statistics in parentheses，*** 表示 $p<0.01$。

上述结果表明，在纳入两个工具变量模型以充分考虑内生性问题后，数字经济显著促进河南省县域高质量发展的结论依旧成立。

三、稳健性检验

为确保基准回归结果的可靠性，本章采用替换核心解释变量、替换被解释变量、剔除县级市三种方法对结果进行检验，具体如下。

（1）替换核心解释变量。

前文数字经济指标采用北京大学新农村发展研究院与阿里研究院联合编制的《县域数字乡村指数报告（2020）》来衡量，现将其替换为北京大学数字金融研究中心发布的《北京大学数字普惠金融指数》进行稳健性检验。原因如下，一方面，数字经济的核心是数字金融。G20 峰会将数字经济定义为一系列经济活动，包括把数字化知识和信息作为主要生产要素、现代信息网络作为核心载体，有效使用信息通信技术以达到提高效率、优化经济结构的目的。而数字金融与数字经济的概念相契合，是指将现代信息网络作为核心载体，把有效使用信息通信技术作为前提的一种经济活动（张勋等，2023）。另一方面，尽管学术界对数字经济测度进行了深入研究，并构建了一系列指标体系，但中国数字普惠金融指数是目前具有权威性、代表性的数字经济发展水平测度，并基于数据的可得性，本章选用数字普惠金融表征数字经济发展水平是可靠合理的。

表 5–5 中列（1）为替换核心解释变量后的估计结果。由结果可知，数字普惠金融对县域高质量发展的估计系数为 0.817，与基准回归结果相比，提升了 0.358 个单位，且估计结果在 1% 的水平上显著为正，表明本章的结论是可靠的。

（2）替换被解释变量。

借鉴陈诗一和陈登科（2018）的做法，使用县域地区生产总值（GDP）衡量县域高质量发展水平，替换被解释变量后估计结果如表 5–5 中列（2）所示，数字经济的回归结果仍在 1% 的水平上显著为正，表明估计结果具有稳健性。

（3）剔除县级市。

考虑到县域间在经济、数字信息技术、基础设施等方面存在一定差异，尤其是县级市，与同地区内的其他县域相比，具有经济、数字信息技术发展基础更好的特点，在加入县级市进行实证分析时，可能出现样本数据方差过大的现象，从而导致估计结果存在偏差，因此，本书将县级市样本剔除后再次进行回归，回归结果如表 5–5 中列（3）所示。结果表明，在剔除县级市后，数字经济的回归系数在 1% 的水平上显著为正，进一步说明本研究结论是稳健可靠的。

表 5–5 稳健性检验

	（1） 替换核心解释变量	（2） 替换被解释变量	（3） 剔除县级市
数字普惠金融指数	0.817*** （8.73）		
Gov	0.323** （2.32）	–3.997*** （–3.42）	0.229 （1.58）
fis	0.180** （2.22）	–0.414 （–0.98）	0.183** （2.52）
Edu	–0.0215 （–1.26）	–0.0386 （–0.83）	–0.0174 （–0.93）
inf	–0.147 （–0.88）	1.422 （1.40）	–0.255 （–1.28）
income	0.0386 （1.47）	–0.129 （–1.29）	0.0303 （1.06）
Dig		0.449*** （3.32）	0.259*** （8.07）
个体固定效应	Yes	Yes	Yes
时间固定效应	No	No	No
常数项	–3.063*** （–3.06）	7.746 （1.64）	0.254 （0.26）
观测值	188	188	158
R^2	0.601	0.491	0.547

注：*t* statistics in parentheses，** 表示 $p<0.05$，*** 表示 $p<0.01$。

四、机制检验

从前文理论分析可知，数字经济可能通过提高居民消费水平，进一步推动县域高质量发展，因此本章进一步将机制变量居民消费水平纳入研究框架。考虑到传统的中介效应模型具有内生性和部分渠道识别不清等问题（江艇，2022），本章借鉴周孟亮和王立聪（2023）的做法，首先，将居民消费水平作为因变量代入基准回归模型进行机制检验，识别数字经济与居民消费水平的因果关系，回归结果如表 5-6 中列（1）、列（2）所示。其次，将上文与数字经济具有相关性的 Iv_1、Iv_2 作为工具变量，采用 2SLS 方法缓解可能存在的内生性问题，从而进一步检验数字经济发展水平、居民消费水平与县域高质量发展之间的传导机制，估计结果如表 5-6 中列（3）、列（4）所示。

表 5-6 中列（1）、列（2）结果显示，数字经济显著提高了居民消费水平。其中，列（1）为未加入控制变量的估计结果，数字经济的估计系数为 0.379，在 5% 的水平上显著为正。列（2）为加入控制变量的估计结果，数字经济的估计系数为 0.348，同样通过了 5% 水平的显著性检验。列（3）、列（4）加入工具变量 Iv_1、Iv_2 的估计结果显示，在考虑内生性问题后，数字经济与居民消费水平存在正向相关关系。加入工具变量 Iv_1、Iv_2 的数字经济估计系数分别为 0.2877、0.3376，均在 10% 的水平上显著为正，表明数字经济通过提高居民消费水平，进一步提升县域发展质量。此外，两者均通过不可识别检验和弱工具变量检验，表明估计结果具有有效性，假设 H2 得到证实。具体而言，数字经济的发展伴随着电子商务、数字金融、新兴数字技术的广泛发展和应用，其拓宽了居民消费渠道、激发了居民消费需求，进而推动县域高质量发展。第一，电子商务的出现突破了原有交易的时空限制（Dijk et al.，2007），催生了线上线下相结合的营销模式（Sutherland and Jarrahi，2018），提高了商品的价格透明度（Soh et al.，2006），极大程度拓展了居民消费渠道，缓解了买卖双方信息不对称问题。第二，数字金融创新了支付方式，以支付宝、微

信、云闪付等为代表的电子支付普及缩短了居民购物时间、降低了消费成本、提升了支付效率（张勋等，2020）。此外，支付平台和数字银行的数字金融普惠性体现在为社会群体提供信贷支持与跨期消费选择，有利于缓解企业和个体尤其是中小微企业与低收入群体的预算约束，激发社会消费需求（杨芳等，2023）。第三，新兴数字技术可以快速识别消费者的消费偏好，通过精准推荐和营销手段激发消费者兴趣与消费潜能（Li et al.，2020）。可见，数字经济的发展在一定程度上提高了居民消费水平，增加了县域经济质量提升的资金需求，进而提高了县域高质量发展水平。

表 5–6　中介效应检验结果

	（1）	（2）	（3）	（4）
	居民消费水平（*Cons*）	居民消费水平（*Cons*）	居民消费水平（*Cons*）	居民消费水平（*Cons*）
Dig	0.379** （2.51）	0.348** （2.19）	0.2877* （1.74）	0.3376* （1.85）
常数项	1.149*	−7.235	−6.9506	−7.3317
	（1.82）	（−1.30）	（−1.34）	（−1.42）
控制变量	No	Yes	Yes	Yes
个体固定效应	Yes	Yes	Yes	Yes
时间固定效应	No	No	No	No
观测值	188	188	188	188
R^2	0.065	0.145	0.941	0.941
Kleibergen-Paap rk LM			23.764	20.716
Cragg-Donald Wald F			222.051	106.520

注：*t* statistics in parentheses，* 表示 $p<0.1$，** 表示 $p<0.05$。

五、异质性检验

（1）地区异质性。

由于资源禀赋和区位条件不同，数字经济发展水平和县域高质量发展水平在区域分布上均存在明显的区域异质性特点。数字经济对河南省县域高质量发展的影响同样可能存在地区、县域层级的异质性，有必要进行深入分析。在样本层面，借鉴河南省人民政府于2015年发布的《河南省全面建设小康社会规划纲要》，将河南省县域分为中原城市群、豫北地区、豫西和豫西南地区、黄淮地区四大区域。其中，中原城市群包括郑州市、开封市、洛阳市、平顶山市、新乡市、焦作市、许昌市、漯河市，豫北地区包括安阳市、鹤壁市、濮阳市，豫西和豫西南地区包括三门峡市和南阳市，黄淮地区包括驻马店市、商丘市、周口市、信阳市。分组回归结果如表5-7所示。

表5-7中列（1）、列（2）、列（3）、列（4）依次是基于中原城市群、豫北地区、豫西和豫西南地区、黄淮地区样本数据的回归结果。由表5-7可知，数字经济助推县域高质量发展的影响具有地区差异性。其中，中原城市群、豫北地区和黄淮地区县域数字经济对县域高质量发展影响的估计系数均在1%的水平上显著为正，估计系数分别为0.281、0.233和0.159，影响作用依次递减；豫西和豫西南地区县域数字经济对县域高质量发展影响的估计系数为0.270，但未通过10%水平上检验，表明豫西和豫西南地区数字经济对县域高质量发展的推动作用不显著。产生这种现象的可能原因是，对于豫北地区和黄淮地区而言，能够依靠劳动力资源的比较优势为县域数字经济发展提供“后发优势”。此外，黄淮地区县域数字经济的可持续发展能力强，具有强劲的“追赶效应”，但该效应主要表现在农业产业数字化和数字化发展环境上（刘庆，2023），因此，综合来看，黄淮地区县域数字经济对高质量发展的影响要小于豫北地区。

相较于豫北地区和黄淮地区，中原城市群拥有以下“先天优势”。一是该地区的数字基础设施建设相对完善、数字技术相对成熟，能更好发挥数字红利，大幅度降低交易成本，实现规模经济、范围经济和长尾效应，有利于推动地区高质量发展水平的提高。二是县域产业链较完整，可为当地提供更多就业岗位和创业机会，进而为数字经济发展提供资金及人才支撑。综合作用下数字经济在中原城市群能够得到充分利用，因此数字经济对中原城市群县域的影响作用要强于豫北地区和黄淮地区县域。值得一提的是，相较于中原城市群的“先天优势”和豫北地区、黄淮地区的“后发优势”，豫西和豫西南地区存在数字基础设施不完善、资金缺乏、人才数量和质量短缺等现实问题，导致数字经济在该地区县域高质量发展转型过程中无法充分发挥推动作用。该结论与第三章第一节河南省县域数字经济发展水平结果基本一致。

表 5–7 分组回归结果

变量	(1) 中原城市群	(2) 豫北地区	(3) 豫西和豫西南地区	(4) 黄淮地区
Dig	0.281*** (5.43)	0.233*** (4.95)	0.270 (0.99)	0.159*** (3.35)
Gov	0.539*** (3.95)	−0.142 (−1.06)	0.996 (1.52)	−0.0893 (−0.32)
fis	0.244*** (2.87)	−0.327 (−1.22)	0.894** (2.54)	0.619*** (3.25)
Edu	−0.0378 (−1.24)	0.0788 (0.87)	−0.0300 (−0.22)	−0.00823 (−0.48)
inf	−0.392* (−1.73)	0.297 (0.51)	0.297 (0.36)	−0.00406 (−0.01)
income	0.0257 (0.50)	0.0431** (2.70)	0.148 (0.51)	0.0617*** (2.94)
常数项	0.771 (0.66)	−2.402 (−0.98)	−3.011 (−0.87)	−0.609 (−0.32)
个体固定效应	Yes	Yes	Yes	Yes
时间固定效应	No	No	No	No
N	76	24	26	62
R^2	0.740	0.766	0.640	0.559

注：*t* statistics in parentheses，* 表示 $p<0.1$，** 表示 $p<0.05$，*** 表示 $p<0.01$。

（2）维度异质性。

北京大学新农村发展研究院与阿里研究院联合编制的《县域数字乡村指数报告（2020）》由数字基础设施指数、乡村经济数字化指数、乡村治理数字化指数以及乡村生活数字化指数四个一级指标构成，为进一步厘清上述四个维度对县域高质量发展的影响，本章分别进行回归，回归结果如表 5–8 所示。

表 5-8 回归结果

	（1） lnHq	（2） lnHq	（3） lnHq	（4） lnHq
数字基础设施指数	0.373*** （9.63）			
乡村经济数字化指数		0.174*** （4.79）		
乡村治理数字化指数			0.0669*** （5.14）	
乡村生活数字化指数				0.0871** （2.38）
常数项	−0.665 （−0.82）	0.767 （0.71）	1.523 （1.43）	2.067 （1.68）
控制变量	Yes	Yes	Yes	Yes
个体固定效应	Yes	Yes	Yes	Yes
时间固定效应	No	No	No	No
观测值	188	188	188	188
R^2	0.643	0.413	0.435	0.291

注：*t* statistics in parentheses，** 表示 $p<0.05$，*** 表示 $p<0.01$。

表 5-8 中列（1）至列（4）分别对应四个维度的估计结果，由表 5-8 可知，数字基础设施指数、乡村经济数字化指数、乡村治理数字化指数、乡村生活数字化指数四个维度均对县域高质量发展具有推动作用，且数字基础设施建设对县域高质量发展的影响作用最显著。具体地，数字基础设施指数、乡村经济数字化指数、乡村治理数字化指数的回归系数分别为 0.373、0.174、0.0669，均在 1% 的水平上显著为正；乡村生活数字化指数的回归系数为 0.0871，在 5% 的水平上显著为正。其原因有以下三个方面。第一，数字基础设施是数字经济发展总水平与其他各维度的基础，在数字经济发展过程中不断完善，现已初具规模（朱喜安、王慧聪，2023），因此其对县域高质量发展较为显著的影响是合理的。第二，在数字基础设施建设不断完善的过程中，以变革乡村生产方式为表现形式的乡村经济数字化和以政府为主体的乡村治理数字化将其作为“土壤”，实现经济数字化和治理数字化水平的提升，进一步推动县域高质量发展。但需要指出

的是，乡村治理数字化建设不仅需要依托数字基础设施建设，更需要专业化的人才队伍进行管理运行，现实却存在农村“空心化”现象日趋严重等问题，导致乡村治理数字化建设水平存在落后的困境（邓金钱、刘明霞，2023），因此，相较于乡村经济数字化，乡村治理数字化建设对县域高质量发展的影响作用更小。第三，乡村生活数字化主要体现为乡村居民生活方式的改变，是对居民思想观念的重铸，逐步提高居民数字素养以使其适应数字经济时代新的消费方式、娱乐方式、工作方式，提升其数字生活参与的深度和广度。与上述三个维度相比，乡村生活数字化更加强调居民的主观能动性，在实际运用中存在不确定性，因此其影响作用在 5% 水平上显著是合理的。

第五节　研究结论与政策建议

一、研究结论

实现中国整体高质量发展，最关键的任务在县域，数字经济的发展为县域发展质量提升提供了重要保障。本章基于理论研究基础，为保证数据的可得性，采用 2019—2020 年河南省 94 个县域的数据作为样本。采用熵值法测算河南省各县域高质量发展水平，选取北京大学新农村发展研究院与阿里研究院联合编制的《县域数字乡村指数报告（2020）》衡量县域数字经济发展水平，进一步采用面板个体固定效应模型和中介效应模型实证分析数字经济对河南省县域高质量发展的影响及传导机制。通过研究得出以下结论。

（1）数字经济发展有利于县域发展质量提升，可为中国高质量发展提供动力，经替换核心解释变量、替换被解释变量、剔除县级市检验后该结论依旧成立。数字经济为县域高质量发展提供了充足的资金、技术支撑，是推动县域高质量发展的新动力。

（2）作用机制检验表明，数字经济通过提高居民消费水平促进县域高质量发展。

（3）数字经济对县域高质量发展的影响具有维度异质性。其中，数字基础设施建设对县域高质量发展的正向作用最显著，随后分别是乡村经济数字化建设、乡村治理数字化建设，乡村生活数字化建设在四个维度中的促进作用最小。因此在制定政策时，政府应提升县域居民在消费、文旅、生活服务等方面的数字化使用程度，加大对乡村生活数字化的扶持力度。

（4）数字经济对河南省县域高质量发展的影响具有区域异质性。具体地，中原城市群县域数字经济对高质量发展的影响作用最显著，而豫西和豫西南地区数字经济未对县域高质量发展产生显著影响。

二、政策建议

基于以上结论，给出如下政策建议。第一，推动数字技术与县域生产相融合，培养新的产业经济增长极。在数字技术驱动河南省县域高质量发展的现实之下，大力发展数字技术，提高县域数字产业化、产业数字化水平，将数字资源作为新一代生产要素，对县域原有产业的生产技术和生产工艺进行改造优化，进而提升产业竞争力，培育新的产业经济增长极，夯实县域高质量发展的基础。第二，鉴于数字经济对河南省县域高质量发展存在非线性关系，政府要高度重视数字经济发展，为发展水平较低的地区提供较早跨越门槛值的政策和帮扶资金，特别是豫北地区，政府要加大政策帮扶力度。与此同时，要将政务处理平台与微信公众号、微博等公众平台相结合，发挥数字政府在各行业的赋能效应，充分实现地区数字化治理，推动县域内外高质量发展。此外，政府要在河南省县域内搭建区域协同发展新平台，扎实推进区域协调发展，缩小由资源供需导致的县域内部“鸿沟”。第三，考虑到数字经济对县域高质量发展水平的影响效应具有地区差异性，政府应当因地制宜地实施动态化、差异化数字经济发展战略。具体地，豫西和豫西南地区、中原城市群县域要立足自身发展情况，依托数字资源加强信息共享，着力提升县域内城乡基础设施一体化和公共服务均等化水平。豫北地区县域要不断完善地区数字基础设施建设，在此基础上拓展数字经济在农业、工业和服务业领域的应用。黄淮地区县域要加快“追赶步伐”，推进数字经济与县域高端制造业、特色产业的融合，提升数字经济在社会经济发展中的高效应用程度，同时，高起点、高标准接续推进乡村振兴战略。第四，做好其他促进县域高质量发展的工作。一方面，要加强人才引进，人力资源是推动地区技术创新的重要要素，地方政府应制定相关政策为县域高质量发展引进高素质人才，“引进来”的同时也要“留住人”，确保高素质人才落户、子女上学、家属工作等方面的落实，此外，还应加强平台建设，为高素质人才发展提供有利保障；另一方面，要通过数字技术促进金融机构发展，充分发挥数字技术的优势，优化升级金融机构以便更好服务实体经济，加快推动县域高质量发展的步伐。第五，鉴于数字经济的四个维度在推动县域高质量发展中具有差异性，需要充分发挥县域居民的主观能动性，实现从被动到主动这一跨越，为数字经济迈入更高级发展阶段做出必要准备。此外，政府要继续发挥财政在促进县域高质量发展中的作用，通过发挥财政职能，更好地促进区域高质量发展。

第六章 数字经济、创业活跃度与河南省县域高质量发展

第一节 引言及文献综述

2023 年 5 月，国家网信办发布的《数字中国发展报告（2022 年）》显示，2022 年数字中国建设取得显著成效，数字基础设施规模能级大幅提升。数字经济成为稳增长促转型的重要引擎。2022 年，我国数字经济规模达 50.2 万亿元，占国内生产总值比重提升至 41.5%。数字经济成为“稳增长”“促转型”的重要引擎。县域经济作为国民经济的重要组成部分，是连接城市与农村地区的桥梁，为城市经济发展提供了人力、物力、财力等多方面支持，也为乡村振兴奠定了坚实基础，为农业农村现代化提供了根本保障。

国内外学者对数字经济和县域高质量发展两者关系展开了大量研究，主要成果集中在两个方面。一是数字经济对县域经济的影响研究。有学者研究发现数字经济与县域经济之间并非单一的影响促进关系，而是较为复杂的相互作用、相互影响、相互推动、相互耦合的关系。如李国荣等（2023）从环境质量和产业结构升级角度探讨了数字经济驱动经济高质量发展的动力机制，并进一步考察了地方政府竞争行为和干预行为的调节作用；于施洋等（2020）结合我国国情分析指出，数字经济可产生巨大社会经济效益，但我国对数字经济的认知还处于探索阶段，需要重视数字经济

发展过程中的“数字鸿沟”、数字安全隐私泄露和相应监管法律法规滞后等问题。二是对于数字经济与县域经济高质量发展的量化分析研究。有学者通过构建评价指标体系，结合社会经济生活数据，采用各类模型对数字经济与县域高质量发展现状进行综合评价。如中国信息通信研究院发布的《中国数字经济发展白皮书（2017）》从宏观经济、基础能力、基础产业和融合应用4个维度构建指标体系，综合评估我国数字经济发展水平；数字经济研究院发布的《中国城市数字经济指数蓝皮书（2017）》基于城市信息基础、城市服务、城市治理、产业融合4个维度构建城市数字经济发展水平评估体系；聂昀秋等（2023）以数字经济理论为切入点，诠释数字经济的内涵与特征，在深入分析我国数字经济发展现状与特色的基础上，从发展与应用水平、效益与规模、技术创新能力3个维度构建我国数字经济发展水平测度体系，计算出2016—2020年我国30座重点城市的数字经济指数，发现经济增长水平、外商投资占比、政府投资占比、人力资本水平和居民收入水平等要素对我国数字经济发展有积极的推动作用；赵涛等（2020）从创业活跃度切入，从互联网发展和数字经济两个方面构建了城市数字经济综合发展水平指数与高质量发展指数模型，并实证研究发现，数字经济不仅能极大地促进城市经济发展质量提升，也有助于形成地区间协调发展新格局；李国柱等（2023）从创新发展、协调发展、绿色发展、开放发展、共享发展5个维度构建经济高质量发展指标体系，采用熵权法计算了中国30个省级行政区经济高质量发展综合指数，进一步通过门槛模型得出结论：数字经济无论是整体，还是其3个维度（即网络基础设施、产业数字化与数字产业化）都会推动省域经济高质量发展，并且会因经济水平阶段的提升而提高影响程度；张旭等（2020）从创新驱动、发展规模、发展质量3个维度构建了县域经济高质量内部耦合协调指标体系，结果表明，创新型城市创新驱动经济高质量发展效果显著，民生发展、规模效应、高新区建设等是制约创新型城市高质量发展内部耦合协调的主要因素。

根据以上论述，首先，现有研究侧重于从理论层面论述数字经济与县域高质量发展间的互动关系，少量量化分析研究多从数字经济高质量发展或县域经济高质量发展的单一视角进行评价；其次，现有文献针对数字经济对经济增长质量影响的分析多是基于全国数据，很少有区域类型的分析。因此，本章借鉴系统理论，以河南省 103 个县域为例，基于经济质效、创新驱动、结构优化、绿色发展和民生共享 5 个维度 17 个基础指标，构建数字经济—县域高质量发展复合系统，研究数字经济对县域高质量发展的影响，明晰数字经济发展的影响及传导路径，以期为数字经济新业态的健康持续发展以及县域高质量发展提供理论与实证借鉴。

第二节 理论机制分析

互联网基础设施的建设以及数字化技术的普及，为经济创造了新活力。在新时代背景下，我国数字经济蓬勃发展，数字经济发展提升了各地区的经济能力。数字经济发展中，互联网在金融系统中的应用和大数据平台下各类经济工具的出现，有效降低了企业成本、提升了产品质量，通过大数据平台满足市场多样化的需求，推动经济的发展（荆文君、孙宝文，2019），未来经济发展的新动力也将依赖于数字经济。数字经济能改变传统生产方式，塑造新的经济格局，进而推动国家经济增长。从微观角度分析，一方面，数字经济发展有助于增加低收入人群收入，增加个人消费和投资，提振需求；另一方面，数字化转型是企业提高生产力的重要途径，通过整合数字知识和数字化洞察力，可以提高运营效率、优化客户体验、创新业务模式、增强竞争力和实现可持续发展。从宏观角度分析，数字经济发展能促进各地区间的合作与协同发展。数字经济以数据为关键生产要素重塑经济形态，突破了传统生产要素对经济增长的束缚，以一种全新的经济形态和资源配置方式促进经济高质量发展。基于此，提出如下假设。

假设 1：数字经济能够促进县域高质量发展。

数字经济与县域高质量发展间具有广泛联系，不仅能影响县域创业活跃度，而且对固定资产投资也有显著提升作用。数字经济从县域创业活跃度和固定资产投资两个方面推动县域高质量发展。一方面，数字经济可以通过影响市场规模、知识溢出和要素组合等培育更多创业机会，也可以从加快信息交互和思想传播等途径丰富创业资源，从而提高县域创业活跃度；另一方面，数字经济可以通过互联网实现信息共享并形成统一的市场环境，促进创业要素市场化，降低创业要素的流通成本，激励跨区域创业活动的开展。与此同时，创业活动的增强也有助于推动县域高质量发展。创业活动是经济增长的内生活力，对创造就业（Glaeser et al.，2015）、产业升级（冯伟、李嘉佳，2019）、结构转型（Noseleit，2013）等高质量发展内容具有重要推动作用，有助于改变“高投资、高能耗、高污染”的传统增长模式，推动县域高质量发展。基于此，提出如下假设。

假设 2：数字经济通过提升县域创业活跃度，促进县域高质量发展。

第三节　模型、变量与数据

一、研究模型构建

为验证本章第二节假设 1，本节构建面板固定效应模型反映数字经济对县域高质量发展的影响：

$$ed_{it} = \alpha_0 + \alpha_1 digital_{it} + \alpha_k z_{it} + \mu_{it} \tag{6.1}$$

其中，i 表示城市；t 表示年份；ed 表示被解释变量，即县域高质量发展水平；$digital$ 表示核心解释变量，即数字经济发展水平；z 表示一系列控制变量；μ 表示随机扰动项。

为检验数字经济对县域高质量发展是否存在中介效应，本节选取县域创业活跃度作为中介变量构建中介效应模型，具体模型如下：

$$entrep_{it} = \beta_0 + \beta_1 digital_{it} + \beta_k \tag{6.2}$$

其中，$entrep$ 表示县域创业活跃度，其他变量含义与模型（6.1）相同。

二、变量选取与说明

（1）被解释变量。县域高质量发展水平（*ed*），来自第三章构建的河南省县域高质量发展指数。

（2）核心解释变量。数字经济发展水平（*digital*），来自第三章构建的河南省县域数字经济发展指数。

（3）中介变量。县域创业活跃度（*entrep*），采用县域当年企业注册数占总人口数的比重表示。

（4）控制变量。本章选取五个控制变量，分别为：①信息化水平，采用固定电话用户数占总人口的比值衡量；②需求结构，采用社会消费品零售总额占地区生产总值（GDP）的比重衡量；③政府职能，采用地方政府一般公共预算支出占地区生产总值（GDP）的比重表示；④金融发展水平，采用地区金融机构存贷款总额占地区生产总值（GDP）的比重表示；⑤经济发展水平，采用人均地区生产总值（GDP）衡量。

三、数据来源与描述性统计

本章所用数据的来源及标准参考第二章，利用 Stata 软件导出的各变量的描述统计结果见表 6-1。

表 6-1　变量描述性统计结果

变量	观测数	最小值	最大值	平均值	标准差
县域高质量发展指数	824	0.122	0.512	0.232	0.062
数字经济发展指数	824	0.060	0.713	0.210	0.110
县域创业活跃度	824	0.000	6.245	4.390	0.500
需求结构	824	0.111	0.816	0.375	0.106
政府职能	824	0.0514	0.377	0.160	0.057
金融发展水平	824	0.170	1.709	0.444	0.173
信息化水平	823	0.000	0.622	0.047	0.038
经济发展水平	823	9.395	11.754	10.615	0.440

第四节 实证结果分析

一、基准回归分析

本章选用固定效应模型，具体回归结果如表 6–2 所示。表 6–2 中模型（1）是未加入控制变量的回归结果，核心解释变量数字经济发展水平显著为正；模型（2）至模型（6）是依次加入控制变量后的回归结果。可以看出，数字经济对县域高质量发展有着显著的促进作用，而且模型的整体拟合度较高，具有较强的解释力，因此，假设 1 得到验证。

表 6–2 基准回归结果

变量	（1）*ed*	（2）*ed*	（3）*ed*	（4）*ed*	（5）*ed*	（6）*ed*
数字经济发展水平	0.133***	0.146***	0.121***	0.123**	0.139***	0.123***
需求结构		0.116***	0.142***	0.141***	0.136***	0.158***
政府职能			−0.121***	−0.136***	−0.146***	0.011
金融发展水平				0.025**	0.024**	0.008
信息化水平					−0.153***	−0.134**
经济发展水平						0.032***
Observations	824	824	824	824	823	823
R^2-*squared*	0.056	0.096	0.105	0.110	0.118	0.141

注：***、** 分别表示在 1%、5% 的统计水平上显著，括号内为稳健标准误。

二、稳健性检验

（1）替换被解释变量。

参考崔耕瑞（2021）的方法，采用北京大学公布的数字经济指数替换原数字经济发展指数进行回归分析，回归结果如表 6–3 的列（1）所示。由结果可知，数字经济对县域高质量发展的回归系数显著为正，与前文的结论一致，即通过了稳健性检验。

（2）剔除特殊县域。

由于 27 个示范引领县的数字经济发展水平可能会高于河南省其他县域。为了保证回归结果的稳健性，剔除新郑市等特殊县域样本后进行回归。具体回归结果如表 6–3 的列（2）所示，由回归结果可以看出，剔除新郑市等县域样本后的回归结果仍与前文保持一致，说明前文的研究结论是稳健的。

表 6–3 稳健性检验结果

变量	（1）*ed*	（2）*ed*
数字经济发展水平		0.055**
数字经济水平	0.746***	
需求结构	0.162***	0.122***
政府职能	–0.174***	–0.174***
金融发展水平	–0.167	–0.017
信息化水平	0.072	0.072
经济发展水平	0.010	0.010
常数项	0.057	0.057
Observations	822	607
R^2*-squared*	0.135	0.135

注：***、** 分别表示在 1%、5% 的统计水平上显著，括号内为稳健标准误。

三、中介效应检验：创业活跃度

为验证本章第二节假设 2，采取三步法对中介模型进行检验，回归结果如表 6–4 所示。从表 6–4 的模型（2）中可以看出，数字经济对县域创业活跃度的回归系数为 0.7874，且在 1% 的水平上显著，即数字经济发展对县域创业活跃度有显著的提升作用。从模型（3）中可知，当县域创业活跃度作为中介变量时，数字经济对县域高质量发展的回归系数为 0.1107，且在 1% 的水平上显著；县域创业活跃度对县域高质量发展的回归系数为 0.0081，且在 5% 的水平上显著。因此，假设 2 得到验证。

表 6–4　中介效应检验结果

变量	（1）*ed*	（2）*entrep*	（3）*ed*
digital	0.1171***	0.7874***	0.1107***
entrep			0.0081**
inv			
控制变量	是	是	是
常数项	0.1978*	–0.5466	0.2022*
N	823	823	823
R^2	0.371	0.602	0.376

注：***、**、* 分别表示在 1%、5%、10% 的统计水平上显著，括号内为稳健标准误。

第五节　研究结论与政策建议

本章主要得出如下研究结论：数字经济发展对河南省各县域高质量发展具有显著影响；数字经济发展可以通过提升县域创业活跃度与扩大固定资产投资两个方面推动县域高质量发展，并且县域创业活跃度的中介效应明显强于固定资产投资水平。根据以上分析，提出以下政策建议。

（1）加快推进数字基础设施建设，推动县域经济增长质量的提升。固定资产投资水平的提高能够有效促进县域经济增长质量的提升，能够有效提高数字经济对经济增长质量的提升作用。政府应加快建设互联网基础设施，推进数字中国建设，加快 5G 网络的商用，加快大数据平台的构建和发展，同时加大数字经济的基础性投入，进一步巩固信息技术发展为县域经济增长质量提升带来的发展红利。

（2）数字经济通过提升创业活跃度为县域高质量发展带来内生动力的路径机制，证明了“互联网 +”与“大众创业、万众创新”能够汇聚经济发展新动能，为新时代推动县域高质量发展发挥重要作用。

（3）引导数字经济与三大类县域的内部协调发展。数字经济能打通地区之间的距离阻碍，增强县域间的经济联系。对此，政府应该通过加大各县域新型基础设施建设的协调力度，充分释放其对经济高质量发展的空间贡献能力。

第七章 数字经济、产业结构升级与河南省县域高质量发展

第一节 引言

党的二十大报告提出，要坚持以推动高质量发展为主题，把实施扩大内需战略同深化供给侧结构性改革有机结合起来，增强国内大循环内生动力和可靠性，推动产业升级、优化经济结构、提高居民消费水平，从而实现国内大循环的发展。如何实现高质量发展对我国来说是一个巨大的挑战。

加快数字化发展、建设数字中国，意味着数字经济已成为我国重要的战略部署和发展方向，将成为我国经济实现转型、高质量发展的创新驱动力。2022 年，河南省数字规模突破 1.9 万亿元，占 GDP 比重超过三成。另外，中国信通院预测，2025 年我国数字经济规模将超过 60 万亿元，投入产出效率将提升 3.5% 左右。随着互联网、大数据、云计算等技术加速创新，日益融入经济社会发展各领域、全过程，数字经济发展速度之快、辐射范围之广、影响程度之深前所未有，数字经济的蓬勃兴起已经成为一种不可逆转的潮流。县域是城镇体系的重要组成部分，是发展经济、保障民生的重要基础，是高质量发展的支撑，然而，县域内基础设施不完善、经济发展落后、产业支撑不足等问题始终制约着县域的高质量发展。数字经济将成为实现河南省县域高质量发展的重要抓手。

目前，已有学者关注数字经济对高质量发展的影响，但现有研究主要以省级或市级样本为研究对象，鲜有针对县域单位的探讨。互联网、供应链、物联网、大数据等技术的发展为破解县域高质量发展困境提供了可能的突破口，那么，数字经济发展能够推动县域高质量发展吗？其实现路径是怎样的？研究数字经济对河南省县域高质量发展的影响具有一定的学术价值和实际应用价值。

本章可能出现的边际贡献率在于三个方面。第一，以新发展理念为引领，从创新发展与动能转化、协调发展与结构优化、绿色发展与低碳行动、开放发展与效率变革、共享发展与城乡协同五个方面建立县域经济高质量发展指标评价体系，有利于深入理解县域高质量发展的内涵与特征，丰富并拓展高质量发展理论。第二，本章借鉴现有文献，分层次对县域数字经济和高质量发展水平进行了较为全面的测度，从更加细微的尺度讨论二者的影响关系。第三，本章在统一框架下探讨了数字经济主要通过何种路径推动县域高质量发展这一根本性问题，全面评估了数字经济对促进产业结构升级的作用，支持了产业结构升级对于数字经济影响高质量发展的路径并深化了已有文献。

第二节　文献综述

一、数字经济与高质量发展的关系

在数字经济发展的初步阶段，国内外学者大多是以理论分析的方式阐述数字经济对高质量发展的影响机制，为后续实证研究奠定了基础。随着研究的不断深入，对数字经济的研究逐步从理论分析发展到理论分析与实证研究相结合，再延展到数字经济对社会高质量发展的影响效应，涌现出不同视角的数字经济相关研究。这些研究都离不开数字经济发展评价指标体系的构建、各行各业高质量发展的评价指标体系的构建等。有学者运用两种不同的模型，以省份为研究对象进行实例验证，总结出数字经济影响高质量发展的具体方式，并分析了其在不同省份间发挥作用的差异性（郑嘉琳、徐又华，2020）。有学者认为数字经济通过驱动产业结构合理化可以对高质量发展产生促进作用（肖远飞，2021），指出其影响高质量发展的方式是技术创新和优化要素配置效率，并且其具有空间溢出效应（李宗显、杨千帆，2021），表明数字经济和高质量发展呈现出空间集聚的特征（周少甫、陈亚辉，2022），这进一步说明了数字经济发展可以加快构建城市间的协同高质量发展格局。大多数学者从不同层面、利用不同模型多角度实证分析的结论可以总结出数字经济对高质量发展的影响是积极且显著的，也探究了数字经济赋能各地区高质量发展的作用路径。

二、产业结构升级与高质量发展的关系

关于产业结构升级与高质量发展的关系，大多数研究表明二者之间存在正向促进关系，但也有少数研究得出相反结论。比如，Chen 等（2011）针对我国大陆地区的产业结构升级对经济增长的影响关系进行研究，结果表明，产业结构升级有利于提高全要素生产率，但随着产业结构升级程度的提高，这种正面作用会减弱。刘小军和张佳伟（2023）研究发现，我国东中西部地区产业结构升级对经济高质量发展的促进作用存在差异，中西部地区产业结构合理化对经济高质量发展的促进作用更显著。黄清等（2023）研究表明，在经济发展水平较低的地区，产业结构的变动没有带来经济发展质量的正向变动。

三、数字经济与产业结构升级的关系

在数字经济促进产业结构升级的研究中，一些学者从理论上进行了探讨。丁守海和徐政（2021）分析了在新格局发展背景下，我国数字经济发展面临技术创新水平不高、行业内垄断等问题，数字经济可以通过

提供技术支持、消除信息不对称、进行创新、改变需求端等机理促进产业结构升级，应采取相关措施促进产业结构向中高端升级。迟明园和石雅楠（2022）指出，数字经济可以通过对传统产业进行改造和推动新产业的形成促进产业结构升级；还可促进第一、第二、第三产业优化，使三大产业更好地融合发展。另外一些学者则定量分析了数字经济对产业结构的影响。廖杉杉等（2024）从产业结构转化、产业内劳动生产率提升和产业资源配置效率提高三个维度实证说明数字经济的发展对产业结构转型升级具有显著促进作用。蔡伯龙（2024）考虑数字经济城市人口规模的异质性，指出合理分配数字资源可以缩小数字化带来的城市之间的“鸿沟”。

四、文献评述

通过对文献的梳理，发现数字经济和高质量发展问题越来越受到我国学者的重视，并且已经诞生了大量优秀成果，这些成果为本章研究提供了坚实的理论基础和丰富的参考方法。但整体而言，有关两者间逻辑关系的研究刚刚起步，且多以定性分析为主，仍存在以下待完善之处。第一，学者对数字经济与区域高质量发展的探讨多基于省域层面或市域层面，鲜少涉及县域尺度的探讨。我国县域经济尚处于数字化初级阶段，正积极提升数字化水平，数字经济对县域高质量发展的影响更值得关注。第二，从新发展理念出发，构建包含经济质效、创新驱动、结构优化、绿色发展及民生和谐五个层次的高质量发展评价体系，更能反映县域发展的特质。为弥补上述不足，本章主要聚焦于数字经济对县域高质量发展的影响，基于理论分析深入考察其影响机制，在此基础上，构建县域高质量发展指标评价体系，并以河南省为例，建立计量模型实证检验数字经济对县域高质量发展的影响效应与作用机制。

第三节 理论机制分析

一、数字经济对县域高质量发展的直接效应

数字经济以数字基础设施、产业数字化、数字产业化三个方面内容为基本要义，作为近年迅速发展的新兴产业，已经与实体经济产生了紧密联系，成为助推县域高质量发展的核心驱动力。第一，数字产业化推动县域高质量发展。数字产业化将数字、信息等载体嵌入各行各业的各个环节，数字经济由于具有高效率以及强渗透性等特点，对传统行业经济结构的升级与优化有极大益处，可以有效推动县域高质量发展。数字产业化还可以带来更多新产品，促进消费市场的繁荣发展，从而促进县域高质量发展。第二，数字基础设施影响县域高质量发展。数字经济可以通过 F5G（第五代固网）和 5G、互联网平台等数字基础设施从生产、消费、流通等环节推动县域高质量发展。利用数字基础设施（如互联网平台和渠道）能够大幅度降低流通成本、改变生产方式、拓宽服务范围，通过完备的数字基础设施实现数据要素的积累和共享，也能有力推动县域高质量发展。第三，产业数字化推动县域高质量发展。数字普惠金融改变了传统的金融模式，通过促进资金的精准配置推动市场的繁荣发展，从而减少贫困、缩小城乡差距，这对于县域高质量发展意义重大。

数字经济通过提高数字基础设施建设水平、推动数字产业化和产业数字化三大方面促进河南省县域高质量发展。并且，由于地区资源禀赋、生态环境、发展策略的不同，数字基础设施、数字技术发展、产业融合以及经济发展水平在地区分布上并不均衡，作用机制可能存在异质性。

假设 1：数字经济能够显著提高河南省县域高质量发展水平。

假设 2：数字经济对河南省县域高质量发展的影响具有区域差异性。

二、数字经济对县域高质量发展的间接效应

数字经济可以通过推动产业结构升级促进县域的高质量发展。首先，数字经济的发展将推动传统产业向数字化、智能化方向转型升级。通过引入先进的信息技术和数字化工具，县域内的企业可以提高生产效率、降低成本，并且创造更多的就业机会。其次，数字经济的兴起将带动新兴产业的发展，如电子商务、互联网金融、物联网等，这些产业具有较高的增长潜力和附加值，县域可以通过积极引进这些新兴产业，增加经济的多元性、提高经济活力。此外，数字经济还可以促进县域创新创业，为各类创业者提供更多的机会和平台，加快科技成果转化，推动技术创新和产业升级。

假设 3：数字经济通过推动产业结构升级提高河南省县域高质量发展水平。

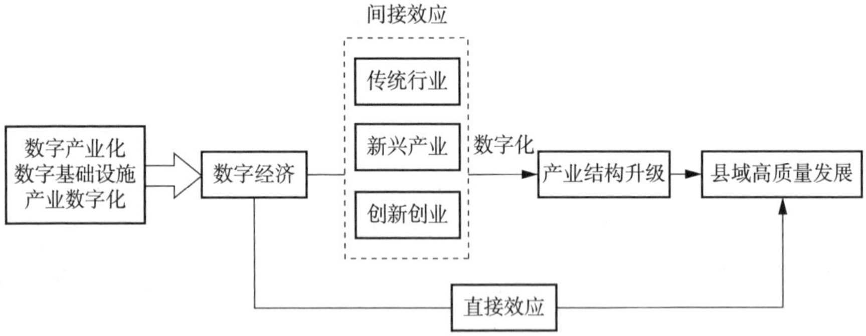

图 7-1　数字经济、产业结构升级与县域高质量发展理论机制分析

第四节　模型与变量

一、研究模型构建

（1）基准回归模型。

基于前文提出的研究假设，为探究数字经济对河南省县域高质量发展

的影响，设定如下基准回归模型：

$$Qua_{it} = \alpha_0 + \alpha_1 Dig_{it} + Z_{it} + \epsilon_{it} \quad (7.1)$$

在模型（7.1）中，*Qua* 表示县域高质量发展水平，*Dig* 表示数字经济发展水平，*Z* 表示一系列的控制变量，*i* 表示地区，*t* 表示年份，ϵ_{it} 表示随机误差项。

（2）中介效应模型。

本章在通过模型（7.1）中数字经济对县域高质量发展的系数 α_1 检验基础上，构建数字经济、县域高质量发展与产业结构升级的三阶段中介效应模型，设置模型如下：

$$Ind_{it} = \beta_0 + \beta_1 Dig_{it} + \beta_\alpha Z_{it} + \epsilon_{it} \quad (7.2)$$

$$Qua_{it} = \lambda_0 + \lambda_1 Dig_{it} + \lambda_2 Ind_{it} + \lambda_\alpha Z_{it} + \epsilon_{it} \quad (7.3)$$

在模型（7.2）和模型（7.3）中，Ind_{it} 表示中介变量，表示产业结构升级；ϵ_{it} 表示随机误差项；其余变量含义同模型（7.1）。

二、变量选取与说明

（1）被解释变量。县域高质量发展水平（*Qua*），来自第三章构建的河南省县域高质量发展指数。

（2）核心解释变量。数字经济发展水平（*Dig*），来自第三章构建的河南省县域数字经济发展指数。

（3）控制变量。由于影响县域高质量发展的因素有很多，为了提高本章实证研究结果的准确性，结合相关学者研究成果，选取了以下四个控制变量。①就业吸纳能力：城镇单位从业人员平均工资对数。②需求结构：社会消费品零售总额（万元）/ 地区生产总值（万元）。③政府职能：地方政府一般公共预算支出占地方 GDP 比重。④经济发展水平：河南省县域人均 GDP 取对数。

（4）中介变量。产业结构升级（*Ind*）。相较于第一、第二产业，第三产业的发展不仅拥有技术密集、高附加值等优势，而且能提供更多就业岗位，这意味着第三产业的发展壮大不仅能改善国内的就业形势、促进社会稳定发展，而且能提升我国出口产品在国际上的竞争地位。此外，制造业的服务化转型能减小生产生活对自然资源造成的压力，有利于我国走资源节约、环境友好的发展道路。本章借鉴杨虹等（2021）的做法，用第三产业增加值除以第一、第二产业增加值之和代表产业结构升级水平。

第五节　实证结果分析

一、基准回归分析

进行 Hausman 检验，结果表明应选择固定效应模型而非随机效应模型。第一，本章先将被解释变量和核心解释变量单独回归，再加上所有控制变量进行基础回归；第二，采用固定效应模型对全样本数据进行一次回归，回归结果见表 7–1。由表 7–1 列（1）可知，数字经济发展水平的回归系数值为 0.501，并且呈现出 1% 水平显著性，意味着数字经济发展水平对河南省县域高质量发展水平产生了显著的正向影响。由加入了控制变量的模型（2）可知，系数为 0.391，影响依然为正，并且在 1% 的水平上显著。在模型（3）中加入时间和地区双向固定效应后，数字经济发展水平系数为 0.143，且依旧通过了 1% 水平的显著检验，意味着数字经济显著促进了河南省县域高质量发展水平的提升。假设 1 得到验证。

从控制变量来看，就业吸纳能力在 10% 的水平上对县域高质量发展产生负向影响，影响系数为 –0.221，这可能是因为数字经济推动传统制造业和服务业中的部分岗位自动化，人工智能和机器人的应用减少了对劳动力的需求，导致其就业吸纳能力下降。需求结构正向影响河南省县域高质量发展水平，通过不断优化需求结构，河南省县域经济能实现更高水平的发展，促进经济结构的优化和产业的升级，从而提高人民生活水平，实现经济的可持续发展。政府职能的系数显著为负，说明需要简政放权，加快政府职能转变，充分发挥市场在资源配置中的决定作用，推进河南省县域高质量发展。各县域经济发展水平与高质量发展水平之间具有不显著的正相关关系，表明经济总量增长的同时县域发展质量并未得到有效提升。

表 7-1 基准回归结果

变量	县域高质量发展		
	(1)	(2)	(3)
数字经济发展水平	0.501*** (0.0416)	0.391*** (0.0522)	0.143*** (0.0383)
就业吸纳能力		0.024* (0.0126)	-0.221* (0.1329)
需求结构		0.144*** (0.0211)	0.054*** (0.0174)
政府职能		-0.151*** (0.0581)	-0.086* (0.0475)
经济发展水平		0.003 (0.0082)	0.010 (0.0099)
Cons	0.177*** (0.0050)	-0.133 (0.1134)	0.608* (0.3412)
年份控制			控制
地区控制			控制
N	824	823	823
R^2	0.1501	0.2017	0.3107

注：***、* 分别表示在 1%、10% 的统计水平上显著，括号内为稳健标准误。

二、稳健性检验

（1）解释变量滞后一期回归。

为保证结果的稳健性，本章将解释变量均取滞后一期重新进行回归，表 7-2 中的列（1）为具体回归结果。从检验结果来看，数字经济发展水平滞后一期对河南省县域高质量发展水平仍有显著正向影响，这与表 7-1 的回归结论一致，证实了基准回归结果是稳健的。

（2）调整样本时期。

本章对2014—2017年以及2018—2021年两个时间段分别进行回归分析。2014—2017年的回归结果如表7–2中的列（2）所示，2018—2021年的回归结果如表7–2中的列（3）所示，结果显示两个时间段数字经济发展水平的回归系数均为正值且通过了显著性检验。

表7–2 稳健性检验结果

变量	（1）	（2）	（3）
数字经济发展水平	0.279*** （0.052）	0.327*** （0.093）	0.525*** （0.054）
Cons	0.201*** （0.006）	0.190*** （0.009）	0.175*** （0.008）
N	823	412	412
R^2	0.046	0.0833	0.1195

注：*** 表示在1%的统计水平上显著，括号内为稳健标准误。

三、中介效应检验：产业结构升级

本书选取产业结构升级作为中介变量，采用中介效应模型验证产业结构升级在推动县域高质量发展中所起的作用。

根据表7–3中列（2）的回归结果可知，数字经济发展对产业结构升级的影响回归系数为4.240，且通过了1%水平的显著性检验，说明数字经济可以促进产业结构升级。将产业结构升级放入列（3）模型后，观察数字经济发展水平系数及显著性变化，发现相对于列（1）系数略有下降但依旧显著，产业结构升级对高质量发展的回归系数也显著，这说明数字经济在发展过程中会促进产业结构升级，数字技术的应用可以帮助产业实现升级转型，提高生产效率、优化资源配置、创新产品和服务，从而推动县域的高质量、高效发展。进一步考察中介效应占总效应的比重，通过Bootstrap检验后，可知其估计占比约为41%，也就是说，数字经济对河南省县域高质量发展的影响效应主要是通过推动产业结构升级这一中介机制实现的。在数字化转型的浪潮中，企业需要不断学习和适应新技术，以保持竞争力并实现可持续发展，进而提高河南省县域高质量发展水平。假设 3 得到验证。

表 7–3 中介效应检验结果

变量	（1）	（2）	（3）
	县域高质量发展	产业结构升级	县域高质量发展
产业结构升级			0.038*** （0.003）
数字经济发展水平	0.391*** （0.052）	4.240*** （0.633）	0.230*** （0.048）
就业吸纳能力	0.005* （0.003）	−0.097*** （0.035）	0.009*** （0.003）
需求结构	0.015*** （0.002）	0.024 （0.027）	0.014*** （0.002）
政府职能	−0.009*** （0.003）	−0.250*** （0.040）	0.001 （0.003）
经济发展水平	0.001 （0.004）	0.478*** （0.044）	−0.017*** （0.003）
Cons	0.189*** （0.006）	−0.474*** （0.074）	0.207*** （0.006）
R^2	0.202	0.543	0.371
N	823	823	823
Bootstrap 检验	［0.079，0.174］		
总效应系数	0.391		
直接效应系数	0.230		
中介效应系数	0.161		
中介效应占总效应	41.114%		

注：Bootstrap 检验结果为 95% 的置信区间；***、* 分别表示在 1%、10% 的统计水平上显著，括号内为稳健标准误。

四、异质性分析

不论是数字经济发展水平还是高质量发展水平，在不同县域都会有较大的差异性。借鉴中共河南省委农村工作领导小组根据河南省县域区位条件、资源禀赋、产业基础、发展水平等实际情况，将河南省县域划分为巩固提升县、整体推进县和示范引领县，为进一步探究数字经济发展对河南省县域高质量发展影响的区域差异性，本章按上述标准对河南省县域分组进行回归。由表 7–4 可知，整体推进县和示范引领县数字经济发展水平对高质量发展水平的回归系数值在 1% 的水平上显著为正，而整体推进县的回归系数值不显著。这说明数字经济对县域高质量发展的促进作用在整体推进县不显著，这可能与地区基础设施及对数字金融的扶持力度相关。假设 2 得到验证。

相比于整体推进县，示范引领县的县域发展水平较高，农业农村基础设施建设较好，具有更大的发展潜力，数字经济能够更好地覆盖县域的生产生活，服务于实体经济，对经济高质量发展的作用更明显。巩固提升县政策支持力度大，用好帮扶政策有利于集中资源推动巩固提升县的高质量发展。整体推进县数字经济对县域高质量发展的影响不显著，说明两个变量存在不相关性，主要原因可能是数字经济的地域性差异，数字经济的产品和服务没有普及到当地的受众群体，导致此地区成为金融弱势地区，应加快推动此地区传统金融向信息化方向转型，大力推进数字经济产品和服务，与其他地区形成信息共享新局面。

表 7–4　异质性回归结果

变量	巩固提升县	整体推进县	示范引领县
数字经济发展水平	0.275** (0.109)	0.072*** (0.069)	0.157*** (0.0512)
控制变量	控制	控制	控制
地区控制效应	控制	控制	控制
年份控制效应	控制	控制	控制
N	263	344	216
R^2	0.296	0.247	0.492

注：***、** 分别表示在 1%、5% 的统计水平上显著，括号内为稳健标准误。

第六节 研究结论与政策建议

本章基于2014—2021年河南省103个县域的高质量发展水平和数字经济发展水平，实证分析了数字经济对河南省县域高质量发展的影响。研究结论如下。第一，数字经济对河南省县域高质量发展具有显著的正向效应，能够促进县域高质量发展水平的提升，这一结论在经过一系列稳健性检验后依然成立。第二，异质性分析发现，两者关系存在区域差异性。示范引领县和巩固提升县数字经济对高质量发展的影响更为显著，作用也更为突出。第三，产业结构升级在数字经济推动河南省县域高质量发展的过程中具有部分中介作用，这一结论表明数字经济通过推动各县域内产业结构升级，进而在一定程度上促进当地高质量发展。

基于以上实证研究结论，发展好数字经济是提高河南省县域高质量发展水平的重要抓手，本章提出以下政策建议。第一，因地制宜探索数字经济发展新模式。加强县域之间资本、信息、人才等方面的协同，形成数据共享与跨区合作的协同机制，以提升县域在协同发展中的参与度，缩小县域间的"数字鸿沟"差距，推动县域高质量发展。第二，助力产业结构升级。通过数字经济引导助力中小企业转型发展，可以促进产业结构升级，推动传统经济与数字经济的融合，提高产业生产效率、降低生产成本、提高资源分配效率，进而实现县域高质量发展。第三，建设高素质的数字人才队伍是实现县域高质量发展的必然选择。通过加强数字人才的培养和引进，县域可以打破数字人才短缺的制约，充分发挥数字人才的创新创业能力，引领推动县域经济的创新发展。同时，数字人才的引进和培养有助于吸引更多的外部投资与资源，提升县域的竞争力和吸引力。

第八章

数字经济、环境治理与河南省县域高质量发展

第一节　引言

数字经济作为新一轮科技革命与产业变革的引擎，在资源配置、创新驱动等方面为经济实现高质量发展提供了新动能。2021 年 6 月 3 日，国家统计局公布了《数字经济及其核心产业统计分类（2021）》。依据该分类提供的“数字产业化”和“产业数字化”的基本范围，数字经济可以分为数字产品制造业、数字产品服务业、数字技术应用业、数字要素驱动业和数字化效率提升业（鲜祖德、王天琪，2022）。随着数字经济近年来的活跃发展以及与我国各个领域和产业融合范围的拓展、程度的加深，其正逐渐成为推动经济高质量发展的重要动力。因此，数字经济促进高质量发展的效应及其背后的机制，成为近年来广泛讨论的议题。

如何实现县域高质量发展，既是一个需要回答的理论问题，又是一个应该解决的实际问题。县域发展与数字经济的结合是县域实现高质量发展的应有之道，有利于解决县域资源配置效率不高、县域经济发展粗放、县域比较优势遭到冲击等问题，推动实现县域资源要素利用的合理化以及县域经济发展的专业化、规模化和绿色化。

基于此，本章利用河南省 2024—2021 年 103 个县域的面板数据，采用固定效应模型和中介模型对上述问题进行分析，探究数字经济对县域高

质量发展的影响效应和作用机制，不仅有利于为县域实现高质量发展提供新的研究视角，还有利于丰富县域高质量发展理论体系。研究结论能够为河南省县域经济持续健康发展、明确数字经济赋能县域高质量发展提供政策启示，为更好地发挥数字经济在助推县域高质量发展中的作用提供坚实的理论与实证依据。

第二节　文献综述

在数字经济发展早期，对数字经济的研究主要集中在对数字经济的内涵、测定的讨论。现有对数字经济的研究可以分为两类。一是对数字经济增加值规模的测算，从数字技术 /ICT 的“渗透性”“替代性”“协同性”三大技术—经济特征出发，“替代效应增加”和“协同效应增加”共同构成了“产业数字化”部分的增加，加上数字产业化的增加值，即可以测算出数字经济的增加值规模（蔡跃洲、牛新星，2021）。基于信息经济测度理论，可以将数字经济分为基础部门、融合部门和替代部门，结合美国经济研究局（BEA）和经济合作与发展组织（OECD）的数字经济核算方法，可以对中国的数字经济规模进行研究（陈梦根、张鑫，2022）。二是通过构建多维度评价指标体系衡量数字经济的发展水平。数字经济的关键生产要素是信息和通信技术的数字化，改变企业业务流程和交易模式（张雪玲，2017）。数字经济同样离不开信息化和互联网的发展作为支撑，关键是通过信息化让生产者和消费者进行数字交易，可以从信息化发展、互联网发展和数字交易发展三个维度解释数字经济内涵（刘军等，2020）。

学者对高质量发展的内涵研究大体上分为两类。一类是在效率视角下，聚焦于全要素生产率，探究全要素生产率与经济高质量发展的内在关系。高质量发展是经济发展质量的高级状态和最优状态，要准确理解高质量发展的深刻内涵，需厘清经济发展质量的内涵（任保平，2018）。在追求创新、协调、绿色、开放、共享的新发展理念背景下，高质量发展最核心的源泉就在于全要素生产率能够获得稳定提升（刘志彪、凌永辉，2020）。中国经济转向高质量发展，关键在于将依赖要素投入、不可持续的旧动能转变为主要依靠全要素生产率的可持续新动力，提高全要素生产率顺应了高质量发展强调质量、强调效率的内涵（贺晓宇、沈坤荣，2018）。另一类是在新发展理念的指导下对高质量发展的内涵进行多维度探究。高质量发展是充分、均衡的发展，包含多个维度的增长和提升，可以从系统平衡观、经济发展观、民生指向观三个角度理解高质量发展的内涵（赵剑波等，2019）。高质量发展的需求侧是人民向往，即从根本上说是为了满足人的能力全面发展的需求和要求（金碚，2018）。因此，高质量发展为了满足这个目标，是经济、政治、文化、社会、生态文明“五位一体”的建设，是高效率、公平、绿色可持续的发展（张军扩等，2019）。

数字经济的蓬勃发展对我国经济产生了广泛而深刻的影响，这一深远的影响体现在宏观层面、中观层面和微观层面。从宏观层面来看，数据作为数字经济的关键生产要素，拓宽了宏观经济增长理论；从中观层面来看，数字技术突破了各产业和企业的空间界限，拓展了中观产业组织理论；从微观层面来看，数字化特征革新了消费者行为理论和厂商理论（陈晓红等，2022）。已有研究认为，数字经济促进高质量发展有微观机理和宏观逻辑。微观部分，数字技术的运用产生了规模经济、范围经济和长尾效应；宏观部分，数字技术可以形成新的投入要素，提高资源配置效率和全要素生产率（荆文君、孙宝文，2019）。在路径方面，有学者从创业活跃度的视角切入，这一中介因素能够强化数字经济对高质量发展的效应，形成推动合力（赵涛等，2020）。数字经济能够促进城市创新、提高市场潜力、推动产业集聚，这也是影响经济发展的重要传导机制（鲁玉秀等，2021）。

已有的对数字经济和县域高质量发展二者关系的研究，主要聚焦于数字乡村的发展。数字技术提供了新型生产方式和经济模式，从效率的提升、新机遇的创造、新途径的优化等方面，使农业生产与农村生活发生了变革（殷浩栋等，2020）。数字经济对乡村虚拟空间有增强效应，可以为农业生产、农村流通、社会治理、生活形态、文化观念场景赋能（王胜等，2021）。

经过对已有文献的梳理和分析发现，第一，已有对高质量发展的研究多数立足于宏观层面，部分学者基于省域或者市域视角，对县域经济高质量发展的研究仍有不足。第二，关于数字经济对高质量发展影响的文献主要侧重讨论某一方面的影响，例如全要素生产率等子论题。因此，运用实证分析回答数字经济通过何种路径促进县域高质量发展具有重要意义。第三，少有文献讨论数字经济对县域高质量发展的影响，已有文献大多选取市域层面作为研究对象，忽略了县域的发展。数字经济是否对县域高质量发展有同样的促进作用及其具体的驱动路径也需要加以关注。

第三节　理论机制分析

县域高质量发展包括经济发展、社会治理、居民生活等主体内容，在党的十九大报告中具体表述为“产业兴旺、生态宜居、乡风文明、治理有效、生活富裕”。数字经济推动县域高质量发展的理论逻辑可以从以下几个方面分析。第一，数字经济通过信息技术和互联网等数字化技术，提高企业生产率和效率，也促进了新兴产业的发展和县域旅游、文化、金融、医疗等产业的发展，进而提高县域发展质量。第二，数字经济打破了地域限制，促进了县域企业拓展市场，通过互联网和电子平台，可以提高县域产业的竞争力、促进产业结构优化升级。第三，数字经济为政府提供了更高效的治理工具和服务手段。通过数字化治理，政府可以提升行政效能，加强政府与公众之间的互动和沟通，提升政府治理水平，为县域高质量发展奠定坚实基础。第四，数字经济的发展促进了信息共享，打破了地域间的信息差，有助于缩小城乡之间、区域之间的发展差距，促进社会公平。同时，数字经济可以推动县域绿色可持续发展，促进资源利用的高效化，实现经济、社会和环境的协调发展，推动县域向高质量发展方向迈进。

综上所述，本章提出假设1：数字经济可以直接提升河南省县域高质量发展水平。

数字经济对县域高质量发展的作用机制在于，数字经济通过提升环境治理水平，实现县域高质量发展。数字经济对环境治理水平的提升作用主要体现在其本身的发展特点、对生态资源的保护作用、对农业和新兴产业的助推作用以及对人居环境的改善四个方面。第一，数字经济的关键生产要素是数据、技术等环境友好型要素，与传统生产要素不同，数字经济能够降低能耗并减少污染，通过改变传统产业高污染、高排放、高能耗的特征，提高环境治理水平。第二，数字经济通过数字基础设施建设为环境治理的决策提供科学依据。例如，利用物联网、GIS、机器学习等技术实时收集环境数据，如空气质量、水质、噪声等，同时，对收集到的环境数据进行分析，识别污染源、预测环境变化趋势等。第三，数字经济有助于推动县域农业及新兴产业的优化升级。区块链等技术能够提高供应链的透明度和可追溯性，进而提高农产品质量，还可以通过电子商务平台推广绿色农业产品，助推农业的绿色转型。不仅如此，数字经济还拓展了县域经济发展的多元空间，增加了新兴产业出现的场景，提高了产品的附加值。第四，数字经济通过技术进步将绿色低碳理念融入居民生活环境。例如，应用智能垃圾分类和回收系统提高垃圾处理率，从而提高环境质量。

基于此，本章提出假设 2：数字经济通过提升环境治理水平促进河南省县域高质量发展。

第四节　模型、变量与数据

一、研究模型构建

（1）基准回归模型。

本章在采用熵值法的基础上，根据 Huasman 检验的结果，建立固定效应模型探究数字经济对河南省各县域高质量发展的影响，构建基准回归模型如下：

$$devlp_{it} = \beta_0 + \beta_1 dig_{it} + \beta_2 Control_{it} + \mu_i + \epsilon_{it} \tag{8.1}$$

其中，下标 i 和 t 分别表示地区和年份；$devlp_{it}$ 表示被解释变量，表示 i 地区在 t 年的高质量发展水平；dig_{it} 表示核心解释变量，表示 i 地区在 t 年的数字经济发展水平；$Control_{it}$ 表示一系列随时间变化的控制变量；μ_i 表示地区固定效应；ϵ_{it} 表示随机干扰项。

（2）中介效应模型。

为检验环境治理在数字经济促进高质量发展的过程中是否发挥了中介作用，参考相关研究，本章构建中介效应模型，即分别构建解释变量对中介变量、解释变量与中介变量对被解释变量的回归方程，模型如下：

$$env_{it} = \beta_0 + \beta_1 dig_{it} + \beta_2 Control_{it} + \mu_i + \epsilon_{it} \tag{8.2}$$

$$devlp_{it} = \beta_0 + \beta_1 dig_{it} + \beta_3 env_{it} + \beta_2 Control_{it} + \mu_i + \epsilon_{it} \tag{8.3}$$

模型（8.2）表示数字经济对环境治理水平的影响，模型（8.3）表示数字经济和环境治理对县域高质量发展的影响，*env* 表示县域环境治理水平，其余变量含义同模型（8.1）。

二、变量选取与说明

（1）被解释变量：县域高质量发展水平（*devlp*），来自第三章构建的河南省县域高质量发展指数。

（2）核心解释变量：数字经济发展水平（*dig*），来自第三章构建的河南省数字经济发展指数。

（3）中介变量：县域环境治理水平（*env*）。在参考程莉等（2023）研究的基础上，考虑到县域数据的可得性，构建如表 8–1 所示的县域环境治理评价指标体系，并采用熵值法测度河南省各县域的环境治理水平。

（4）控制变量：金融发展水平（*finance*）、需求结构（*strc*）、信息化水平（*inf*）。金融发展水平用地区金融机构存贷款总额占地区生产总值比重衡量，需求结构用社会消费品零售总额在 GDP 中的占比表示，信息化水平用固定电话用户数在总人口中的比重表示。

表 8-1 县域环境治理评价指标体系

一级指标	二级指标
财政投入	农林水事务支出
化肥施用强度	农用化肥施用量 / 农作物总播种面积
农药使用强度	农药使用量 / 农作物总播种面积
农膜使用强度	农膜使用量 / 农作物总播种面积
资源节约程度	农村用电量

三、数据来源与描述性统计

本章所用数据的来源及标准参考第三章，主要变量的描述性统计如表 8-2 所示。总体来看，各变量间最大值与最小值差距较大，说明数据具有较大差异，具有研究价值。

表 8-2 主要变量描述性统计

变量名称（变量符号）	平均值	标准值	最小值	最大值
县域高质量发展水平（*devlp*）	0.192	0.0488	0.0971	0.477
数字经济发展水平（*dig*）	0.111	0.0481	0.0258	0.645
县域环境治理水平（*env*）	0.118	0.0684	0	0.468
金融发展水平（*finance*）	0.444	0.173	0.170	1.709
需求结构（*strc*）	0.375	0.106	0.111	0.816
信息化水平（*inf*）	0.0473	0.0379	0	0.622

第五节 实证结果分析

一、基准回归分析

数字经济对县域高质量发展影响的回归结果如下，表 8-3 列（1）回归结果表明，数字经济对县域高质量发展具有显著的正向影响。核心解释变量数字经济发展水平的回归系数估计值是0.190，回归系数为正且在1%的显著性水平上显著。此结果验证了假设1，即数字经济有助于推动河南省县域高质发展。

表8-3 基准回归结果和中介效应检验结果

	（1）	（2）	（3）
	县域高质量发展水平	县域环境治理水平	县域高质量发展水平
数字经济发展水平	0.190*** （8.12）	0.168*** （3.16）	0.170*** （7.49）
县域环境治理水平			0.117*** （7.39）
金融发展水平	0.042*** （5.58）	0.038** （2.21）	0.038*** （5.16）
需求结构	0.019 （1.61）	0.060** （2.21）	0.012 （1.05）
信息化水平	−0.069** （−2.54）	−0.293*** （−4.73）	−0.035 （−1.30）
Constant	0.149*** （26.86）	0.074*** （5.86）	0.140*** （25.62）
N	103	103	103
R^2	0.270	0.110	0.322

注：***、** 分别表示在1%、5%的统计水平上显著，括号内为稳健标准误。

二、稳健性检验

将解释变量滞后一期处理，作为工具变量来避免潜在的逆相关及因果倒置的自相关问题。滞后一期的数字经济发展水平与当前的数字经济发展水平之间存在明显的相关性，满足外生条件。当加入解释变量滞后一期时，回归系数仍然显著且与基准回归系数相比没有太大变化，表明数字经济对县域高质量发展具有显著的正向影响，研究结果保持稳健。

表 8-4　稳健性检验结果

变量	（1） *devlp*
dig	0.289*** （8.00）
finance	0.039*** （5.01）
strc	0.012 （0.94）
inf	−0.016 （−0.35）
Constant	0.145*** （21.79）
N	103
R^2	0.231

注：*** 表示在 1% 的统计水平上显著，括号内为稳健标准误。

三、中介效应检验：环境治理

本章采用逐步回归的方法对环境治理的中介效应进行实证检验，检验结果如表 8-3 中的列（2）和列（3）所示。结果表明，数字经济发展水平对环境治理水平的回归系数在 1% 的水平上显著为正，初步验证了数字经济发展提高了各县域的环境治理能力；将环境治理水平加入主效应模型后发现，环境治理水平对县域高质量发展的回归系数为 0.117 且通过了 1% 显著性水平检验，显著提高了县域高质量发展水平；而数字经济发展水平对县域高质量发展水平的回归系数为 0.170，与基准回归结果中的 0.190 相比有所降低，证实了环境治理的中介效应存在，即数字经济通过提高环境治理水平，进而促进县域高质量发展，假设 2 得到了验证。

四、异质性分析

由于第三产业与数字经济之间的相关性较大，河南省各县域之间的数字经济发展水平存在着明显差异，进一步通过第三产业增加值这一异质性条件，将样本分为低三产增加值组和高三产增加值组。结果发现，低三产增加值组的显著性水平明显低于高三产增加值组的显著性水平，说明高新技术企业较多的县域能更好地利用数字经济提高本县的高质量发展水平。

表 8–5 异质性回归结果

变量	（1） 低	（2） 高
数字经济发展水平	0.081* （1.93）	0.176*** （5.03）
县域环境治理水平	0.062*** （6.08）	0.024* （1.95）
金融发展水平	0.039** （2.39）	0.026 （1.14）
需求结构	−0.062*** （−2.74）	−0.066 （−0.93）
Constant	0.121*** （15.76）	0.178*** （18.19）
Observations	423	400
N	85	86
R^2	0.252	0.186

注：***、**、* 分别表示在 1%、5%、10% 的统计水平上显著，括号内为稳健标准误。

第六节 研究结论与政策建议

本章基于河南省 2014—2021 年 103 个县域的面板数据，采用固定效应模型和中介效应模型，研究分析了数字经济对河南省县域高质量发展的影响以及环境治理发挥中介效应的作用机制，得出以下研究结论：①基于固定效应的基准回归模型显示，数字经济能够显著提高县域高质量发展水平，并且在通过一系列稳健性检验后，研究结果依然成立；②数字经济发展对县域环境治理水平具有显著的正向提升作用，提升环境治理水平是数字经济提高县域高质量发展水平的有效途径；③数字经济对县域高质量发展水平的影响存在异质性特征，第三产业发展较好、高新企业数量较多的县域能更好地利用数字经济提高本县的高质量发展水平。

基于上述研究结论，提出以下政策建议。第一，发展数字经济是推动地方经济转型升级、实现高质量发展的重要途径。大力推进物联网、大数据、云计算等数字基础设施建设；利用物联网、大数据等技术提升农业生产效率和产品质量；推动传统产业向智能化转型，提高生产自动化和信息化水平；出台相关政策，为数字经济的发展提供税收优惠、资金扶持等激励措施。第二，提高县域环境治理水平是实现高质量发展的重要环节。相关部门应制订县域环境治理规划，明确环境保护的目标、任务和措施；定期进行环境质量评估，及时发现问题并采取措施；建立公众参与环境决策的机制，鼓励公众参与环境治理活动。从长期来看，只有加强县域环境治理，才能为经济转型提供动力，从而为实现高质量发展奠定基础。第三，充分考虑数字经济对县域高质量发展影响的异质性。结合县域特色资源，发展适合的数字经济产业，如电子商务、数字农业、智能制造等；根据县域实际情况，设定短期和长期数字经济发展目标；扶持本地数字经济企业，引进外部优秀企业，形成产业集群；充分发挥数字经济的辐射带动作用，不断弥合“数字鸿沟”。

第九章 数字经济对河南省城乡融合的影响

第一节 引言

党的二十大报告指出，要着力推进城乡融合和区域协调发展。推动城乡融合发展是推进乡村全面振兴的重要任务，也是实现全体人民共同富裕的必要举措。然而，我国发展最大的不平衡是城乡发展不平衡，最大的不充分是农村发展不充分。由于城乡二元结构问题的长期性与复杂性，农村地区与城市地区在基础设施建设、公共服务、现代化水平上具有较大差距，严重阻碍了城乡融合发展进程。随着数字化进程加快，数字信息技术不断完善，数字经济现已成为驱动我国经济增长的新引擎（宫丽，2022），数字技术在构建新型城乡关系、实现城乡数字化过程中发挥着重要作用。河南作为农业大省，农村发展不充分和城乡发展不平衡问题尤为突出（杨碧云等，2022），解决这一问题既是河南省实现乡村全面振兴的重点，也是其难点。2024 年中央“一号文件”指出，要持续实施数字乡村发展行动，为农村地区数字经济发展提供良好的生态环境。数字经济能否推动河南省各县域城乡融合发展？其内在作用机制如何？鉴于此，明晰数字经济助推河南省县域城乡融合发展的理论逻辑和实现路径具有一定现实意义。

第二节　理论机制分析

一、数字经济对城乡融合发展的影响

数字经济通过改变增长模式和优化资源分配，为城乡一体化发展注入了新的生命力，从而有效促进城市与农村之间的经济融合，不仅降低了信息、交易和信贷成本，促进收入分配的公平性和包容性，还为城市和农村企业提供了更优质的技术与资金支持，推动城乡产业的互补和深度融合，实现产业价值的增长和合理分配（彭十一等，2024）。在为城市经济发展注入新动力的同时，数字经济也为乡村振兴开辟了新机遇，通过产业集聚和资本积累（何琴，2024）优化城乡布局，推动城乡基础设施和城镇化建设，淡化城乡间的空间界限，实现城乡空间结构的深度整合。此外，数字经济还通过网络和数据可视化技术的应用，推动城乡间的社会融合（李翔、刘鸿艳，2024）。数字经济加速了城乡间教育、文化、医疗等要素流通，使其得以在更广泛的范围内传播（彭国柱、周湘莲，2024），从而提高城乡居民的知识水平和文化素养（李泽锦等，2024）、缩小城乡医疗服务水平差异，让所有居民享受到更加个性化和便捷的服务，促进城乡公共服务的整合和优化。

不仅如此，数字经济发展也有助于缩小城乡间的基础设施和生态环境水平差距（段锴丰等，2024），推动城乡间健康和谐发展。数字信息技术的使用有利于搭建更方便快捷的公共交通、生态环境综合服务平台，实现对交通流量数据、空气质量指标以及其他环境参数的智能化监测与实时收集，并通过数据分析和处理，提供准确的交通状况和环境情况反馈。这样的数字服务既提升了城乡居民的生活质量，也为城市规划和环境保护提供了重要参考依据。同时，数字经济可以促进政府在城乡交通、卫生等领域的监督与管理水平提升，推动政府政务公开与信息透明化（张双悦，2024），从而为城乡一体化建设提供有力支撑。据此，提出假设1：数字经济对河南省县域城乡融合发展水平具有显著正向促进作用。

二、传导机制分析

数字经济通过引入智能制造、云计算、大数据分析等技术，可以帮助规模工业企业提高生产效率、降低生产成本，增强产品的市场竞争力（熊云飚、代宇杰，2024）。这种增强不仅可以提升企业的总产值，还可以通过工业扩张改善就业结构，为农村居民提供更多就业机会，减少农村劳动力向城市的大规模迁移，帮助实现就业的地域平衡。此外，数字技术也能帮助乡村地区传统产业（农业、手工艺品生产等）转型升级（金晓斌等，2024），通过电子商务平台扩大市场、提高产品价值，从而吸引更多城市投资，包括资金、技术和人才的流入，加强城乡经济联系，促进城乡间的技术转移。

数字经济可以有效促进城乡市场对接，提升农村地区居民的消费水平和生活质量（孙源序等，2023）。一方面，以电子商务、移动支付等为代表的数字经济发展形式，能够打破地理空间局限和信息约束，促进城乡要素流动，将城市的先进理念和技术引进农村，帮助农村地区优质产品有效对接城市市场，加快推动农产品市场化、品牌化和多元化发展，在满足城市居民多样化商品和服务需求的同时，提高农产品附加值与农民收入，有效推动城乡地区间协调融合发展（李治国等，2024）；另一方面，数字经济不仅在宏观上推动了工业的现代化，也在微观上改变了消费者的行为和预期，从而促进了城乡间经济活动和社会结构的融合，实现了更均衡和全面的发展。据此，提出假设2：数字经济可以通过提高工业化水平、促进城乡市场有效对接来推动河南省县域城乡融合发展。

第三节　模型与变量

一、研究模型构建

（1）基准回归模型。

为考察数字经济是否对河南省县域城乡融合发展起到促进作用，本书构建如下模型：

$$URI_{it} = \alpha_0 + \beta_0 DIG_{it} + \delta_0 X_{it} + v_t + v_i + \epsilon_{it0} \quad (9.1)$$

其中，i 和 t 分别表示地区和年份；DIG_{it} 表示核心解释变量，即数字经济发展水平；URI_{it} 表示被解释变量，即城乡融合发展水平；α_0 表示截距，β_0、δ_0 表示各解释变量对被解释变量的影响系数；v_t 和 v_i 分别表示时间固定效应和地区固定效应；X_{it} 表示一系列控制变量；ϵ 表示随机误差项。

（2）中介效应模型。

采用中介效应模型对数字经济通过提高工业化水平和完善城乡市场对接渠道共同赋能城乡融合发展进行检验，计量模型构建如下：

$$URMI_{it} = \alpha_1 + \beta_1 DIG_{it} + \delta_1 X_{it} + v_t + v_i + \epsilon_{it1} \quad (9.2)$$

$$M_{it} = \alpha_2 + \beta_2 DIG_{it} + \delta_2 X_{it} + v_t + v_i + \epsilon_{it2} \quad (9.3)$$

$$URMI_{it} = \alpha_3 + \beta_3 DIG_{it} + \beta_4 M_{it} + \delta_3 X_{it} + v_t + v_i + \epsilon_{it3} \quad (9.4)$$

其中，M 表示中介变量，包含工业化水平与城乡市场对接，其余变量含义同模型（9.1）。

二、变量选取与说明

（1）被解释变量：城乡融合发展水平（URI）。

本章同样以河南省 103 个县域为研究对象，采用熵值法确定指标权重并计算指数得分，从而评估县域城乡融合发展水平，将其视为衡量城乡融合发展水平的主要指标。在考虑相关文献和评价指标构建原则的基础上，构建了城乡融合发展水平评价指标体系，包括经济融合、空间融合、社会融合和生态环境融合等四个方面的二级指标以及 11 个三级指标。详细内容见表 9-1。

表 9-1 城乡融合发展水平评价指标体系

一级指标	二级指标	三级指标	度量方法	权重
城乡融合	经济融合	城乡收入结构	城乡可支配收入之比（%）	0.0378002
		城乡经济总量	人均地区生产总值（元）	0.0535129
		城乡产业结构	三产增加值 / 地区生产总产值	0.0186268
	空间融合	城乡空间聚集	耕地 / 行政区域土地面积	0.0460376
		城镇化率	人口城镇化率	0.0038972
	社会融合	城乡教育	小学师生比	0.0439812
		城乡医疗	医院、卫生院床位数（张）	0.0593918
		城乡社会保障	各种社会福利收养性单位床位数（张）	0.0692404
		城乡文娱	人均图书（本）	0.0543077
			人均体育艺术表演场馆数（个）	0.2228715
	生态环境融合	城乡节能减排	城乡人均生活用电	0.2165457
		城乡污染治理	废气中氮氧化物排放量（吨）	0.1001311
			废气中烟尘排放量（吨）	0.0736558

（2）核心解释变量：数字经济发展水平（*DIG*），来自第三章构建的河南省县域数字经济发展指数。

（3）中介变量：①工业化水平（*IN*），采用规模以上工业总产值（万元）衡量；②城乡市场对接（*URMI*），采用当地人均消费品零售额衡量。

（4）控制变量：①政府竞争（*FDI*），以外商直接投资与 GDP 之比表示；②科技创新（*TEC*），采用专利数衡量；③基础设施建设（*Irfa*），以固定资产投资完成额表示；④产业结构高级化（*Ind*），使用第三产业增加值与第二产业增加值的比值表示；⑤人力资本（*Edu*），以普通高等学校在校生人数与总人口之比表示。

（5）工具变量：①政府干预（*Gov*），使用财政支出与 GDP 之比表示；②区域金融发展水平（*Fin*），以年末金融机构存贷款余额之和与 GDP 之比表示。

第四节　实证结果分析

一、基准回归分析

表 9–2 的回归结果显示，数字经济发展水平系数为 0.37，且在 1% 的统计水平上显著，说明数字经济发展能显著促进河南省各县域城乡融合发展。而加入的科技创新、人力资本、基础设施建设等控制变量系数显著为正，表明随着科技水平提升、人们文化水平提高、基础设施完善，河南省各县域城乡融合水平也得到了显著提升。但政府竞争、产业结构高级化系数显著为负，表明政府之间的恶性竞争以及随着产业结构高级化的发展，会导致不同地区间城乡收入差距变大，进而导致地区发展不平衡。这种不平衡发展会对河南省各县域城乡融合产生负向影响，可以通过向乡村倾斜财政和公共服务资源缓解城乡之间的不均衡（杨文贞，2024），同时根据技术进步、人力资本提升和固定资产投资等方面制定相应措施推动城乡融合发展。

表 9–2　基准回归和稳健性检验结果

变量	基准回归	稳健性检验 1 缩尾法	稳健性检验 2 主成分分析法	稳健性检验 3 滞后变量法	内生性检验 工具变量法
DIG	0.37*** （7.425）	0.483*** （–8.4）	0.029*** （–11.555）	1.724** （–4.513）	1.362*** （–3.391）
FDI	–1.836** （–2.549）	–1.776** （–2.360）	1.053 （–1.401）	2.066 （–1.573）	0.23 （–0.191）
TEC	0.004*** （2.658）	0.002 （–1.282）	0.003** （–2.303）	0.004 （–1.8830	0.005*** （–3.028）
Ind	–0.038*** （–7.335）	–0.042*** （–8.048）	–0.047*** （–9.312）	–0.066** （–7.692）	–0.056*** （–5.853）
Irfa	0.016*** （3.305）	0.018*** （–3.594）	0.017*** （–3.809）	–0.019 （–1.417）	–0.02 （–1.305）

续表

变量	基准回归	稳健性检验 1 缩尾法	稳健性检验 2 主成分分析法	稳健性检验 3 滞后变量法	内生性检验 工具变量法
Edu	1.697*** （5.008）	1.944*** （-5.391）	1.774*** （-5.388）	1.914** （-2.729）	0.881 （-1.675）
R^2	0.303	0.331	0.355	0.298	0.473
N	824	824	824	824	824

注：***、** 分别表示在 1%、5% 的统计水平上显著，括号内为稳健标准误。

二、稳健性检验

本章对数字经济促进河南省县域城乡融合发展的稳健性检验使用的方法有：缩尾法、主成分分析法、滞后变量法以及工具变量法。为消除异常值干扰，首先对河南省各县域数字经济发展水平进行 1% 缩尾处理，之后再进行回归分析；其次运用主成分分析法重新计算河南省数字经济发展水平，以取代原有的熵值法，并再次进行回归分析；再次采用滞后一期的数字经济发展水平取代原变量进行回归，验证数字经济对河南省各县域城乡融合的时滞影响；最后使用工具变量法进行两阶段最小二乘估计（2SLS），选取政府干预、河南省各县域金融发展水平作为工具变量，消除反向因果导致的内生性问题，其中 Durbin、Wu-Hausman 检验和 overidentifying restrictions p 值均为零，即不存在内生变量。最终结果如表 9-2 所示，在考虑极端值、估计方法、时滞效应和内生性后，数字经济发展水平的系数均正向显著且与基准回归结果相符，由此，假设 1 得到验证。

三、异质性分析

利用分组回归方法，将河南省各县域按照空间地理位置和政策环境背景进行分类，以探讨数字经济对河南省县域城乡融合发展的影响是否存在异质性。

（一）空间地理位置异质性

进一步探究数字经济对河南省城乡融合发展的促进作用是否存在地区差异，考虑到数据可获得性，参考2021年《中共河南省委农村工作领导小组关于分类推进乡村振兴的通知》，将样本划分为27个示范引领县（将原通知划分30个中的长垣市、许昌市建安区、济源市去除）、43个整体推进县和33个巩固提升县（将原通知划分34个中的周口市淮阳区去除），并进行分组回归。通过表9–3的异质性分析结果可以得出，数字经济在示范引领县与整体推进县中对城乡融合发展水平的提升作用并不显著，但对巩固提升县有显著的正向促进效应。出现这种现象可能是因为示范引领县和整体推进县经济发展快、城乡融合发展水平相对较高，数字经济对融合效果提升不明显；而巩固提升县经济发展相对滞后，导致城乡融合程度较低，数字经济的进步对城乡融合发展的影响更加显著。

（二）政策环境背景异质性

不少专家学者都探讨过在城乡融合发展过程中，数字经济是否受到政策环境背景影响这一问题。自我国发布《数字经济发展战略纲要》以来，河南省各县域数字经济基础设施建设取得了长足进步。因此，本章将2018年设为时间节点，以2014—2017年为第一个时间段、2018—2021年为第二个时间段分别进行分析。结果显示，第一个时间段数字经济对城乡融合发展的影响系数不显著，第二个阶段系数值大幅高于第一个阶段但仍不显著，说明《数字经济发展战略纲要》这一政策有效推动了科技创新和城乡市场间各要素流动，激发了数字经济的发展潜力，使其在城乡融合发展的进程中发挥了更大作用。

表 9–3 异质性分析结果

变量	示范引领县	整体推进县	巩固提升县	2014—2017 年	2018—2021 年
DIG	0.0163 （0.53）	0.0379 （1.46）	0.151^{***} （6.07）	0.016 （0.37）	0.085 （4.6）
Controls	Yes	Yes	Yes	Yes	Yes
常数项	0.194^{***}	0.179^{***}	0.106^{***}	0.189^{***}	0.161^{***}
R^2	0.29	0.3	0.28	0.12	0.26
N	216	344	264	412	412

注：*** 表示在 1% 的统计水平上显著，括号内为稳健标准误。

四、传导路径检验

如表 9–4 所示，数字经济发展水平的系数为 0.37，并在 1% 的统计水平上显著（*p* 值为 0），表明数字经济对城乡融合发展有正向赋能作用（或者将 1% 显著的说法直接改为 *p* 值为 0）。在数字经济→城乡市场对接→城乡融合路径检验中，a 与 b 均显著，置信区间为 0.037~0.1，即存在间接效应。同时，c' 显著并与 ab 同号，按效应占比计算公式 a*b/c 计算得出效应占比为 24.115%。因此，城乡市场对接在数字经济促进河南省县域城乡融合发展的过程中起部分中介作用。

在数字经济→工业化水平→城乡融合路径检验中，a 显著，但 b 不显著，且 b 置信区间为零，即存在间接效应。由于 c' 显著并与 ab 同号，因此工业化水平在数字经济与城乡融合发展之间发挥了部分中介效应，按效应占比计算公式 a*b/c 计算得出效应占比为 22.673%。由此，假设 2 得到验证。

表 9-4 中介作用检验

项	符号	意义	效应值 Effect	95%CI		z 值 /t 值	p 值	结论
				下限	上限			
DIG → URMI → URI	a*b	间接效应	0.089	0.037	0.100	5.540	0.000	部分中介
DIG → URMI	a	X → M	2.261	1.359	3.162	4.916	0.000	
URMI → URI	b	M → Y	0.039	0.033	0.046	12.191	0.000	
DIG → URI	c′	直接效应	0.197	0.115	0.278	4.738	0.000	
DIG → URI	c	总效应	0.370	0.272	0.467	7.425	0.000	
DIG → IN → URI	a*b	间接效应	0.084	0.032	0.100	4.808	0.000	部分中介
DIG → IN	a	X → M	17394670.070	10030223.736	24759116.405	4.629	0.000	
IN → URI	b	M → Y	0.000	0.000	0.000	12.173	0.000	
DIG → URI	c′	直接效应	0.197	0.115	0.278	4.738	0.000	
DIG → URI	c	总效应	0.370	0.272	0.467	7.425	0.000	

第五节 研究结论与政策建议

新时代以来，统筹城乡融合发展是国家经济发展的新动力，是实现经济高质量发展、区域均衡协调发展的关键。数字经济通过技术优势，加快了数字产业化与工业数字化的步伐，进而为城乡融合发展开辟了新路径。本章基于 2014—2021 年河南省 103 个县域的面板数据，针对数字经济能否提高河南省县域城乡融合发展水平及其实现机制进行探讨，得到如下研究结论。①数字经济对河南省县域城乡融合发展有显著促进作用，经过一系列稳健性检验，上述结论依然不变。通过异质性分析发现，由于各县域发展水平不同，再加上政策因素，数字经济在不同类型县域对城乡融合发展的促进作用具有明显差异性，在巩固提升县的促进作用方面最为显著，在《河南省数字经济发展战略纲要》出台后，这一促进作用更为明显。

②中介作用机制分析结果表明，数字经济不仅可以通过产业数字化、数字产业化等内源动力的改变直接推动河南省县域城乡融合水平提升，还可以通过提高工业化水平、提升城乡市场对接程度，间接促进河南省县域城乡融合水平的提升。

河南省各县域城乡融合发展的政策建议如下。首先，政府应当顺应数字经济发展潮流，推动城乡之间高效融合。应加强农村地区的数字化基础设施建设并发展普惠型数字金融服务，针对城市空间、时间及规模差异，制定有针对性、灵活性和多级别的数字经济政策，以实现城乡间的和谐进步。其次，政府要加大力度缩减公共与非公共服务方面的城乡差异，拓宽数字经济的影响范围。想要打破城乡公共服务与社会事业之间的壁垒，不仅要增加对农村数字基础设施的投资，还要提高其应用频率和应用效率，加强“智慧城市”和“数字化农村”体系构建，将数字经济与乡村生活有机结合，建立城市带动农村、农村反哺城市的良性循环。再次，政府应当依托数字经济带来的红利，推动城乡一二三产业的优化升级，形成体系化、规模化、可持续的产业格局。城乡生产力的不均衡需要利用数字技术与金融科技来解决，要重视城乡数字经济力量的高质量发展。平台经济和电子商务的融合既要有深度也要有广度，要突出特色、扬长避短。最后，政府应当构建城乡资源双向流动机制，消除城乡在户籍、土地以及社会保障体系等方面的障碍，逐步改善河南省当前城乡分离的二元体系，鼓励各县域资金、人才和技术向广大农村流动，并借助数字技术加大监管和执行力度，为实现乡村振兴和共同富裕奠定坚实基础。

第十章

数字经济助推县域高质量发展的典型案例及借鉴

第一节　数字经济助推县域创业投资的案例及经验启示

河北卢龙：以数字疏通堵点，彰显县域投资新活力

（一）案例背景

卢龙县隶属河北省秦皇岛市，是河北省财政直管县，位于河北省东北部、秦皇岛市西部的燕山南麓地区，东接抚宁区，南邻昌黎县，北靠长城和青龙满族自治县，西与唐山市的迁安市、滦州市接壤，下辖 1 个经济开发区、10 个镇、2 个乡，共 548 个行政村，总面积 961 平方千米，享有“中国孤竹文化之乡”“千年古县”“中华传统文化教育基地”“中华诗词之乡”等美誉。截至 2022 年末，卢龙县有户籍人口 40.7 万人，完成地区生产总值 137.5 亿元，城镇、农村居民人均可支配收入分别达到 40805 元和 19278 元。

近年来，卢龙县坚持把优化营商环境、提振企业投资信心作为推动县域高质量发展的基础性工程，聚焦项目落地、产业创新、政府疏导等方面，为县域高质量发展注入不竭动力。2022 年，卢龙县共组织开展团体精

准招商“走出去”382次、“引进来”730次；签约项目16个，意向投资173.33亿元；总投资70亿元的28个建设项目被列入市重点，其中5个被列入省重点，落实惠企资金近6000万元；招商引资绩效考核排名全市第一，综合绩效考核排名全省第四。2023年第一季度，卢龙县有序推动22个项目新开工建设、45个项目续建复工以及8个项目顺利完工，总投资共计167亿元，整体形成梯次推进、滚动发展良好态势。2020年12月，卢龙县被评为2020年河北省优化营商环境推动高质量发展先进县（市、区）；2021年1月，卢龙县进入中央文明办确定的2021—2023年创建周期全国文明城市提名城市名单；2023年2月，中国首届数字营商环境高峰论坛发布了《中国数字赋能营商环境创新改革实践报告2022》，其中卢龙县成为以数字改善县域营商环境、驱动县域招商引资的典型代表之一。

（二）主要做法

（1）精准高效引投资、齐心协力抓项目。

聚焦工、农、文旅、城建和民生五大领域，卢龙县构建了全员参与、分工明确、落实有力的产业发展和招商引资工作新机制。为了吸引企业入驻，卢龙县立足于县域传统工业，申报了装配式产业园A区、华洋精工工业机器人基地、助泰新型建材等一批数字化产业项目，秉承“亲商、重商、不欺商”的招商引资理念，积极引进数字化、智能化企业，提高县域投资水平，推动县域产业结构转型升级。同时，卢龙县开展“线下+线上”双线并行的招商引资模式。一方面，卢龙县积极践行“引进来”和“走出去”理念，拿出大量财政资金组织开展“百名客商进卢龙”“百名专家进卢龙”“三个一”“京东福地、美丽卢龙（重庆）招商引资推介会”等活动，有效推动了全国各地的企业和投资涌向卢龙；另一方面，卢龙县积极探索“云招商”的线上引资模式，在吸引大量商业投资的同时实现从地毯式招商向精准化、靶向化转变。

（2）不好办？不能办？卢龙政府“我来办”。

为了更好地服务县域企业，提升县域投资活力，卢龙县政府成立了“帮扶企业壮实力、纾困解难赢发展”活动领导小组，由县长及各部门精干成员组成了“我来办”平台作为企业反映问题的便捷通道，重点针对企业“办事难、办事繁”的问题，统筹协调全县商业投资活动，全力破解企业发展的堵点。为确保及时对企业反映的问题进行汇总、转办、督办，“我来办”平台建立了企业帮扶热线电话和企业家直通车服务微信群，并对有关部门提出“3+7”的要求，即单部门能够解决的要在3个工作日内办结，需多部门协同办理的要在7个工作日内办结，“老大难”问题则以提请县长办公会议等方式研究解决。营商审批制度的改革极大提高了企业的办事效率和政府的公信力，让卢龙县成为投资创业的“风水宝地”。

除了作为政府和企业间的联系通道，“我来办”平台也充分发挥了对县域营商环境的调控作用。“我来办”平台办公室在听取广大企业民意的基础上，基于县域创业投资现状，与相关部门协作共商，先后出台了《卢龙县优化营商环境十条服务措施》《卢龙县招才引智十条措施》和《卢龙县促进就业创业十条措施》“三个十条”作为疏通企业发展堵点和难点的政策支撑，让企业生产经营“有条可依”。同时，卢龙县大力推行项目建设全生命周期管理、产业扶持资金管理、土地要素保障机制、入企检查公示备案等制度措施，建立用工需求、劳动力资源和人才类信息三类数字平台，梳理各类惠企政策，从手续办理、场地规划到项目落地，为县域企业提供“全流程”服务。

（3）以人才保障机制为创业投资插上翅膀。

近年来，为提高县域创新创业活力，卢龙县组织开展了“四雁工作法”“山里燕归巢”等工作，为来卢就业创业的各行业优秀人才提供政策咨询、就业创业指导、项目对接、帮办代办、工作交流分享等服务，吸引优秀人才回流和大学生返乡创业。同时，卢龙县设立了“尚才厅”等人才驿站，实行“党支部 + 人才 + 共享直播间”的运营模式，用于实现人才发展与乡村振兴的良性互动。为充分发挥驿站的人才帮扶效果，卢龙县还搭配打造了电子化“一站式人才服务平台”，平台拥有县情简介、人才政策、人才招引、人才服务、成果转化等功能板块和人社、教育、卫健、交通、住建等高频服务事项18个，通过平台可获得政策咨询、创业指导、项目对接、帮办代办等“专岗专员专线专卡”的一站式服务，实现人才服务

“一站式”集成、“一窗式”受理。

另外，卢龙县先后出台了《卢龙县招才引智十条措施》《卢龙县“十四五”期间人才发展规划》《卢龙县专利资助暂行办法》等一系列人才保障政策，明确了六类“优秀人才”标准，并为其提供医疗、住房、交通等各方面的优惠措施，解除来县人才在卢龙县创业的后顾之忧，有力地推动了新生代创业力量的崛起。同时，为解决企业“用工难”和百姓“就业难”的问题，卢龙县政府积极推动县域内金融机构与创业者、企业的有效衔接，降低创业投资的融资门槛，为创业者、企业提供各类创业补贴和融资贷款，推动营商环境持续向好。

（三）经验启示

卢龙县立足于数字经济的时代大背景，以数字赋能县域营商环境的改善，采取各种措施疏通县域企业在营商过程中的难点和堵点，有效推动了地区人才回流和招商引资水平的提高。总的来看，卢龙县在创业投资方面取得的成就可以归结为以下几个方面：第一，建立数字化产业链条，推动产业结构向数字化、智能化方向转型，吸引技术密集型企业入驻，实现精准高效的招商引资；第二，建立健全各种创业投资政策，搭建政府和企业间的对话通道，积极听取企业意见，简化企业办事流程，提高政府办事效率；第三，完善人才保障和激励机制，吸引人才回流，打造人才服务数字化平台，解除人才创新创业的后顾之忧；第四，推动企业和金融贷款机构间的有效衔接，解决创业投资“起步难”的问题。

各县域在拉动投资、促进创业的工作中，要从多角度入手营造地区良好的创业投资氛围，好的营商环境是县域招商引资、招才引智的金字招牌。一方面要完善制度设计，树立“服务企业、服务创新”的从政准则，不仅要简化办事流程，避免创业投资者受制于无谓的繁文缛节，也要有相应的人才保障制度和创业投资政策优惠，提高对企业和人才的吸引力；另一方面要注重数字平台建设，既包括企业与政府间的对话平台，也包括人才与政府、人才与企业间的平台，这样可以有效打通政府、企业和人才三者间的关键节点，推动要素充分流动，提高创业投资活动的运行效率，为县域高质量发展注入源源不断的新动力。

第二节　数字经济助推县域技术创新的案例及经验启示

安徽砀山：“县凭梨贵”，砀山县的梨业数字化创新之路

（一）案例背景

砀山县，古称“下邑”，隶属安徽省宿州市，地处皖、苏、鲁、豫四省交界之处，总面积 1193 平方千米。截至 2022 年末，砀山县下辖 13 个镇，另设有 3 个功能区，有常住人口 76.3 万人；2023 年，砀山县实现地区生产总值 271.53 亿元，按不变价格计算，比上年增长 6.0%。砀山县属于暖温带半湿润季风气候区，气候湿润，日照充足，雨热同期，同时位于海河平原和淮北平原之间的黄泛冲击区，地势平坦，土壤质地疏松且含有丰富的泥沙堆积养分，得天独厚的自然条件使砀山县成为水果生长的天然温室，拥有近百万亩的连片生态果园，是吉尼斯纪录认定的世界最大连片果园产业区，年产各类水果近 30 亿斤，素来有“世界梨都”“水果之乡”等美誉。砀山酥梨是中国传统三大名梨之首，具有 2500 多年的栽培历史，在明万历、清乾隆时期曾一度被列为贡品，具有极高的食用价值和药用价值。现代以来，砀山县的梨业发展史最早可以追溯到 20 世纪 50 年代末，出于对黄河治沙的需要，砀山县开始在黄河两岸建立起园艺场和果园场，发现种出的梨形状饱满、鲜甜多汁，给当地百姓带来很大的经济效益，自此，酥梨在砀山县落地生根并扩散开来。

然而，随着砀山县梨业的不断发展以及种植规模的不断扩大，20 世纪 90 年代全国各地的梨商、苗商会聚砀山县抢梨、抢苗，将砀山梨引种到全国各地，使得砀山梨产量激增，大量酥梨的涌入对市场造成了严重冲击，

良莠不齐的品质以及落后的产业配套设施使砀山梨的价格在1997年之后开始起伏不定，品牌势能快速消耗，产业发展陷入低谷。加之这一时期随着改革开放的深入推进，大量进口水果成为市场上的新宠儿，砀山县部分果园甚至出现撂荒、弃管、砍树现象。为帮助砀山梨业走出困境，砀山县政府及时制定“3211”计划，即保留优质酥梨30万亩、发展优质新品种和加工种20万亩、发展优质杂果10万亩、更新苹果新品种10万亩，推动砀山梨等水果由纯粹的农业向加工工业转变，有效地处理了过剩产能，提高了产业的附加值。控制产量、引进新品种、调整种植结构、产业深加工等一系列组合拳推动了砀山梨业走出低谷。

尽管如此，仍存在部分问题一直制约着传统砀山梨业的发展。第一，“砀山酥梨”是我国早期注册商标的区域农产品，早在2003年，国家质检总局就已批准了对“砀山酥梨”的地域产品保护，但由于酥梨市场的混乱等种种原因，砀山酥梨的品牌效应并没有得到充分释放。第二，砀山梨的产品质量并没有得到有效把控，许多果农出于对经济效益的考虑，更多种植的是经生物技术改良后的品种，加之化肥农药的泛滥使用，拉低了砀山梨的整体品质和口碑。第三，由于砀山梨的经营规模相对较小和时空限制，果农与企业、消费者之间缺乏直接的联系渠道，很少形成稳定的供需关系，导致供需结构失衡，出现“消费者买不到、果农卖不出”等现象。第四，砀山梨具有“易腐易坏、保存周期短”的特点，这就对砀山县的物流和贮存技术设施提出了较高要求，砀山县的冷链物流企业和冷库等设施主要集中在城镇，而果树又主要集中在农村，因此许多农户为节约成本仍采用简易的窖藏方式，容易造成变质变味等问题，影响梨的口感。

（二）主要做法

（1）“智能监测，远程互联”，一体化监测设备打造“优质酥梨”。

随着互联网的不断发展和数字经济时代的到来，砀山县积极推动数字经济与砀山梨业相结合。自2020年被确立为国家“数字乡村”试点地区以来，砀山县依托县域特色发展“智慧农业”，将数字技术引入果树种植、销售等各个环节，推动砀山梨业技术研发不断创新，有效地打破了砀山梨业在发展过程中面临的各种壁垒，做到了凭“一颗梨”走上县域高质量发展之路。基于大数据、云计算、物联网等数字技术和地区实际情况，砀山县开发了移动智能管理系统，并将其应用于黄河沿岸的优质梨园片区，打造了代表砀山县最高种植水平的“一号梨园”。通过全天候的一体化监测传感设备，可以做到对梨园土壤、湿度、温度等要素的 24 小时监测分析，并根据实时数据和遥控技术实现精准施肥、浇水以及对园区病虫害的有效监测与把控。同时，系统实现了设备端和移动端的远程互联，农户只需要在手机上登录专门的应用软件，就可以看到园区设备的实时监控数据，并可以远程操控设备，实现对梨树的无人化、可视化管理。相比于传统的人为管理，这一智能管理系统不仅减少了梨树种植过程中的资源浪费，还极大地节省了人力物力，同时降低了内外部风险，提升了梨树管理的科学化和精细化水平，进一步提高了砀山梨的品质和产量，打造了砀山梨“优质酥梨”的品牌效应，实现了砀山梨业稳定发展、农户稳定增收。

（2）“一码追溯”，数字身份激发品牌活力。

为了保护砀山县独有的“砀山酥梨”地域标签，砀山县通过大数据链条，对每个出自砀山县的酥梨定制了“数字身份”，实时更新产品的产地来源、采摘时间、农药残留、物流进度等信息，实现全链条一码追溯。消费者可通过扫描二维码这一“数字身份”查看酥梨的各种信息以及辨别酥梨身份，防止其他来源的酥梨顶替砀山梨的身份以次充好，拉低砀山梨的口碑。针对混乱的酥梨市场，这一创新技术的出台有效地保证了砀山梨的高品质，保护了砀山县果农的合法权益，充分释放了砀山酥梨的品牌文化，对于确保“砀山梨是砀山县的梨”具有重大意义。

（3）区块链商流平台精准匹配供求关系。

在调整供需结构方面，砀山县创新性地建立了以区块链技术为基础的线上供应链平台。在数字经济兴起之前，由于缺乏有效的产品运输手段以及消费者对产品的认知有限，砀山梨多是就近售卖，往往存在供过于求的情况，不利于砀山梨业的长期发展。随着数字经济的发展和电商平台的兴起，这一情况得到了一定程度的缓解，但由于企业和农户之间缺乏信任，过往农户在将砀山梨出售给传统电商企业时，一般都是采用现金现货、当面结清的方式，巨大的流动资金需求和烦琐的交易环节给交易带来了极大不便，无法满足砀山梨的大量供应和消费者的有效需求。因此，砀山县与中国农业银行安徽省分行以及蚂蚁区块链共同签署合作协议，创新性地打造了以区块链技术为核心的商流链平台，这一创新平台重塑了农户与企业间的信任关系，缓解了企业融资压力，节省了砀山梨的采购成本，促进了砀山县电商产业的发展，同时可以精准匹配供求关系，依托现代物流技术扩大砀山梨的有效市场，延长产业链环节，从而调整砀山梨业的供求结构，助推砀山梨和砀山县走向高质量发展之路。

（三）经验启示

砀山县把握住了数字经济发展的时代红利，将砀山梨业打造成了“产业数字化”的标杆，以数字经济助推砀山梨业在种植、出售等多个环节的数字技术创新，依托技术创新为砀山梨业打造出一张响亮的名片。如今，砀山县已建立起了集生产、储藏、加工、冷链、销售、服务等于一体的全产业链体系，酥梨已经成为砀山县的主导产业。截至 2022 年底，砀山县拥有近百万亩连片果园，砀山梨的种植面积已达 40 多万亩，其中酥梨 25 万亩，百年以上老梨树留存 6 万余株，酥梨年产 91 万吨，砀山酥梨的品牌价值达 190.64 亿元，全产业链产值达 110.35 亿元。2019 年 4 月，砀山县正式退出国家贫困县序列，砀山酥梨成功带领砀山县百姓实现了脱贫致富，为砀山县的脱贫攻坚任务画上了圆满句号。

砀山梨业的成功凸显了数字经济对县域技术创新的带动作用以及技术创新在县域高质量发展中的驱动地位。总体而言，砀山县在推动县域梨业发展过程中应用了一体化智能监测设备、一码追溯、区块链供应平台等创新技术手段，以创新驱动砀山梨在生产、销售、流通等多个环节的高效发展。当下我国许多县域传统产业想要摆脱长久以来的困境，绕不开数字经济这一时代背景，县域要将创新作为驱动高质量发展的第一动力，充分注重数字与产业的融合，利用新兴数字技术推动县域产业创新、技术创新，提高县域产业附加值，调整县域产业结构和供需结构；同时，拥有特色产业的县域要尤其注重发挥其产品的品牌价值，只有做好品牌的保护工作和宣传工作，才能走出独树一帜的发展道路。

第三节　数字经济助推县域产业结构升级的案例及经验启示

一、河北肃宁："品牌带动、数字赋能"，电商引领传统产业转型升级

（一）案例背景

肃宁县是河北省沧州市下辖县，位于华北平原中北部、河北省中南部、沧州市最西端，东邻河间市，西接蠡县、博野县，北与高阳县接壤，南毗饶阳县；总面积516平方千米，下辖9个乡镇，254个行政村；境内京九铁路、大广高速南北贯通，朔黄铁路、382省道东西贯通，且有沧保、曲港等多条高速公路围绕，使肃宁县融入首都一小时经济圈。2022年，肃宁县实现全年地区生产总值158.7亿元，截至2022年末，肃宁县有常住人口35.13万人。

在产业结构方面，肃宁县是河北省产粮大县、国家级商品粮基地、全国蔬菜产业重点县和国家现代农业示范区，主要种植小麦、玉米等作物；工业以皮革加工、服装纺织、图书印刷等轻型加工工业为主，是中国裘皮之都、中国针纺服装名城；第三产业主要贡献行业为交通运输、仓储和邮政业。随着数字经济的发展，肃宁县大力推动数字经济与县域传统产业相融合，形成了以裘皮服装、针纺服装、民族乐器、出版印刷、电力装备、鱼竿渔具、铁路经济、现代农业八大传统特色产业和军民融合、科教文旅、现代物流三大新兴产业为主的"8+3"特色产业格局，助推县域传统产业结构转型升级，有力促进了地区经济高质量发展。

在"8+3"特色产业格局中，裘皮服装、户外渔具、乐器等轻加工工

业是肃宁县的主导产业。肃宁县立足于这一产业发展现状，大力实施“电商兴县”战略，致力于充分发挥电子商务对经济发展的叠加和倍增效应，将肃宁打造成中国北方直播电商产业中心。目前，肃宁全县9个乡镇全部被评为“淘宝镇”，全县电商平台注册商家已达3万多家，电商年销售额超百亿元，发单量突破1亿多单，直接或间接带动8万多人就业，近年来先后被评为“电子商务促进乡村振兴十佳案例”、全国“电子商务进农村综合示范县”、淘宝村百强县和国家数字乡村试点县。

（二）案例措施

肃宁县以电商产业为出发点，打造电商全产业生态链，通过为电商产业打基础、强基建、通物流和稳制度四大举措赋能县域传统产业转型升级。2022年5月20日，中国·肃宁“电商兴县”战略发布仪式在肃宁县科创中心举行，标志着肃宁县电商发展步入了一个新的阶段。

（1）人、货、场三大要素夯实电商产业基础。

2022年，肃宁县构建“时代动车”工作机制，围绕县域重点工作，聚焦干部培训、考核机制和目标导向三个方面将全县100多名政府工作人员分成九大“动力车厢”，开展工作联结和比拼。根据这一工作机制，肃宁县建立了3个考核平台并制定了相应的考核标准体系，围绕县域特色产业转型升级进行各“车厢”之间的分组研讨，明确提出要围绕全县特色产业打造“世界裘皮中心”“中国鱼竿工贸基地”等十大工程。

肃宁县通过“线下+线上”的方式双线培养电商人才。肃宁县创新实行“学校+企业”的订单式培养模式，依托县职业技术教育学校，重点设置电子商务、网络直播与运营等学科专业，为企业、直播基地等定制化培养专业人才。由县政府牵头建立的电商人才培训中心，通过人才自荐、乡镇党委推荐等方式，面向返乡大学生、致富带头人、村集体经济负责人、种养大户、退伍军人等群体进行招生，开展由基础班、精英班和头部人才组成的三级阶梯式培训。同时，开展电商人才“云”课堂，邀请各电商平台的专业人才为学员进行线上培训并分享电商销售技巧。

从货品的角度出发，肃宁县转变经营理念，改变原有的单一生产加工模式，建立集多种产品生产能力和多种加工流程于一体的集约式生产链条，极大地提高了生产效率，适应了当下市场对产品出货的高效率需求。依托省级电子商务进农村示范县项目，肃宁县与河北省其他县域携手共进，整合区域公共品牌资源，打造了“燕赵区域公用品牌联盟”；同时，肃宁县以数字技术为纽带，大力推动本地特色产品的数字化转型，引导传统企业从打“价格战”“数量战”到“品质战”，探索构建县域品牌体系，完善质量检测基础设施并创新产品评价机制，打造了肃宁县电商产品区域公用品牌——“肃心匠作”，塑造肃宁县产品品牌形象，以区域品牌为区域发展注入活力。

为促进电商产业发展，带动县域创新创业，肃宁县着力创建了一批电商创业孵化基地，形成了电商产业“128”工作格局，即建立1个数字经济发展服务中心，打造“创新赋能中心”和“科创中心”2个电商产业基地以及8个电商人才孵化平台。2021年，肃宁县成立了集电商服务中心、直播中心、供应链中心、短视频制作中心等服务于一体的“超级碗”电商直播基地；2022年，又专门打造了集针纺、裘皮、乐器、鱼竿渔具等十大特色产业于一体的创新赋能中心；还搭建了优选产品供应链中心、中国直播电商产业大会供应链（肃宁）选品中心等平台，吸引全县甚至全国的产品入驻。

（2）高品质5G专网扎实电商底座。

电商产业的发展离不开数字基础设施的支撑，相比于传统行业，电商产业在商品展示、信息更新以及秒杀、抢购等促销活动中对网络延迟等方面有着更高的要求。为了全面贯彻落实“电商兴县”战略，肃宁县与沧州市联通合作，在县域内部署了MEC和千兆OLT设备，着重加强县域的5G建设和高速宽带建设，并专门打造了河北省首个5G专网电商直播专线，使肃宁县成为河北省首个实现“5G+千兆宽带”连续覆盖的县。截至2022年5月，肃宁县共开通了236个5G基站，基本实现了电商重点乡镇“5G+千兆”全覆盖。在加快5G专网建设的同时，肃宁县打造了直播云平台，以5G专网为云平台提供高清流畅、超低时延、海量并发、端到端一体化的商务直播服务，有效提高了当地电商产业传播力和影响力。

（3）高效率物流助力电商产业发展提质增效。

肃宁县坐拥占地7.5平方千米的省级物流产业聚集园区，内有“四通一达”等16家物流公司和圆通区域分拨中心，辐射沧州市、保定市、廊坊市、衡水市等周边城市。2020年，河北省首家A型保税物流中心落地肃宁县，除传统的仓储功能外，保税物流中心还兼具转口贸易、增值服务以及物流配送等功能，天津港等邻近港口的进口货物可以进入肃宁县享受保税服务，且进入物流中心的进口货物可随时办理出中心手续，在库期间暂缓缴纳关税、增值税，能为企业腾出更多流动资金用于经营活动。同时，为配套物流产业发展，肃宁县着力建设了一批如菜鸟云仓、仓鼠云仓、斑马云仓等的现代化云仓。由保税物流中心、圆通快递分拨中心、现代化云仓以及乡村物流配送站组成的“三化”（现代化、数字化、信息化）物流配送体系，有效提升了肃宁县的外贸服务能力和区域配送能力，也打通了农村物流的“最后一公里”。

（4）高标准配套政策优化产业营商环境。

自电商产业兴起以来，肃宁县政府采取各种积极措施为县域发展扫清障碍，先后出台了《电子商务发展规划（2015—2020）》《关于加快特色产业高质量发展的意见》《电子商务进农村综合示范县实施方案》《“农村淘宝”项目实施方案》等多项政策文件。除政策保障外，政府积极对接阿里巴巴等电商龙头企业，每年安排专项资金用于电商创业扶持、人员培训、绩效激励以及基础设施和服务体系建设等方面，同时将电子政务、电子商务与便民服务相结合，打造了“县乡村三级网上审批便民服务总平台”，简化企业办事流程、优化产业营商环境。肃宁县还充分利用背靠雄安新区的区位优势，积极响应国家战略，与雄安新区协同建立了“雄安新区产业·肃宁协同园区”，促进区域产业协调发展。

（三）经验启示

肃宁县以当地特色轻加工产业为底色，积极推动其与电子商务相结合，大力推行“电商兴县”战略，打造了“8+3”的县域特色产业发展格局，构建了完整的产业供应链体系，引领县域传统产业迭代升级，不断向品牌化、数字化方向迈进，成为北方乃至全国以数字经济助推产业结构转型升级的模范县。总的来看，肃宁县“电商兴县”战略取得的成就可以归功于打基础、强基建、通物流和稳制度四大举措：一是为肃宁县电商产业发展提供了最基本的人才、货物和平台支撑；二是加强了产业数字基础设施建设；三是提供了物流保障；四是优化了产业营商环境，为肃宁县的传统产业转型之路制定了理论框架。通过四大举措，肃宁县打造了独特的区域品牌形象，以数字衍生品牌，以品牌带动产业，以产业驱动结构，激发了县域经济增长的内生动力，有效推动了县域经济高质量发展。

各地在推动产业结构转型升级的过程中，可以充分利用数字技术，将其融入县域传统产业，衍生新业态，以数字赋能县域高质量发展。一是要注重产教融合，加大教育扶持力度和新兴产业人才培养力度；二是要注重区域产业品牌形象，提高产业知名度，营造地区开放氛围；三是要打造数字化平台，完善数字基础设施建设，提高政府办事效率和企业经营效率；四是要因地制宜制定合理的产业政策制度，注重区域协调和产业协调，扫清县域产业转型之路的障碍。

二、山东寿光：“智慧农业”助力传统蔬菜产业转型升级

（一）案例背景

寿光市是山东省下辖县级市，暂由潍坊市代管，位于山东省中北部、潍坊市西北部、渤海莱州湾西南岸，东邻潍坊市寒亭区，西界广饶县，南接青州市和昌乐县，北濒渤海，总面积 2072 平方千米。截至 2022 年，寿光市下辖 5 个街道、9 个镇，户籍总人口为 111.2099 万人，实现地区生产总值 1002.1 亿元，其中，第一产业实现增加值 131.6 亿元，第二产业实现增加值 435.9 亿元，第三产业实现增加值 434.7 亿元，三次产业结构占比分别为 13.13%、43.50%、43.38%。2022 年，寿光市粮食播种面积为 129.9 万亩，同比增长 0.1%；棉花播种面积 2.8 万亩，同比增长 16.1%，总产 1860.3 吨，同比增长 22.6%；园林水果总产 3.5 万吨，同比下降 4.1%；瓜菜播种面积 73.9 万亩，同比增长 0.5%，瓜菜总产 453.0 万吨，同比增长 1.3%。

寿光市是山东省政府批复确定的全国重要的蔬菜生产研发基地和质量标准中心，素来享有“中国蔬菜之乡”“中国蔬菜流通第一市”等美誉，是首批国家农产品质量安全县。寿光蔬菜产业以产量大、种类多、品质优、流通快著称，年产蔬菜2000万吨，占全国蔬菜产量的1/10，年交易额超千亿元，是寿光市国民经济的重要支柱产业。然而，传统的寿光蔬菜产业面临着诸多挑战。第一，产业结构单一：寿光市以种植传统蔬菜品种为主，缺乏高附加值产品，难以满足市场多样化需求。第二，生产方式落后：寿光蔬菜产业无法摆脱过于依赖人工操作的弊端，生产效率低、成本高、抗风险能力弱，难以应对市场竞争和气候变化的挑战。第三，市场竞争激烈：寿光蔬菜尽管声名在外，但并未建立区域蔬菜品牌，缺乏品牌优势，产品同质化严重，价格波动较大，农民收入不稳定，难以实现可持续发展。为了突破发展瓶颈、提升产业竞争力，寿光市政府于2015年开始实施“智慧农业”发展战略，将数字技术与农业生产、管理、销售等环节深度融合，推动蔬菜产业转型升级。

经过数年发展，2022年，寿光市新创国家级示范社2家、省级示范社23家、市级示范家庭农场36家，高标准打造蔬菜合作社样板社15家、蔬菜类样板家庭农场10家，3家合作社通过全球和中国良好农业规范“双认证”；年末育种研发企业达到15家，其中省级平台7家，自主研发的蔬菜品种达178个，全年抽检蔬菜样品14.9万个，合格率稳定在99.6%以上。同时，寿光市建设“崔西一品”“斟灌彩椒”等单体品牌生产基地5家，累计创建山东省知名农产品企业产品品牌6个，“三品一标”农产品认证达390个，粤港澳大湾区“菜篮子”产品认证基地达69家。截至目前，寿光市被农业农村部认定为国家级区域性良种繁育基地，寿光蔬菜种业集团获批国家“育繁推一体化”企业并入选国家种业阵型企业及第一批省级种质资源保护单位，寿光市永盛农业入选国家育种联合攻关阵型企业。

（二）案例措施

（1）建设智慧农业基础设施。

首先，为了提高蔬菜生产流通效率，寿光市搭建了“寿光蔬菜产业大数据平台”，平台整合了寿光市蔬菜产业链的各环节数据，包括种植、生产、流通、销售、市场价格等，形成了一个覆盖全产业链的数据中心。在数据采集方面，平台利用物联网、传感器等技术，对温室环境、土壤墒情、病虫害、产量等数据进行实时采集，并进行数据清洗和预处理；在数据分析方面，平台利用大数据分析技术对采集到的数据进行分析，为精准农业生产提供科学依据；在数据应用方面，平台将分析结果应用于农业生产、管理、销售等环节，例如精准灌溉、病虫害预警、产量预测、市场价格分析等。

其次，为了提高蔬菜品控，寿光市应用物联网、传感器、智能控制等数字技术建设了蔬菜“智能温室”，实现在温室环境监测、精准灌溉、病虫害防治等方面的智能化管理，提高蔬菜产量和品质。根据实时数据监测结果，“智能温室”会自动调节温室温度、湿度、光照等条件，为蔬菜生长提供最适宜的环境。精准灌溉系统会根据土壤墒情、天气预报等数据，自动控制灌溉系统，实现精准灌溉，节约用水，提高灌溉效率。病虫害预警系统会通过传感器监测病虫害发生情况，及时发出预警，降低病虫害发生率，减少农药使用量。

最后，为了改善蔬菜产业对人工操作过度依赖的现状，寿光市在蔬菜种植中推广“无人机植保”，利用无人机进行农药喷洒、病虫害监测等，提高作业效率和精准度，减少农药漂移，降低人工成本并减少环境污染。

（2）发展智慧农业产业。

为推动县域传统蔬菜产业的数字化转型，寿光市着力培育了一批“科技型农业主体”，鼓励和扶持县域农业龙头企业、农民合作社等新型农业主体，出台相关政策措施，鼓励企业投资智慧农业项目，提供资金、土地、税收等方面的优惠政策，推动蔬菜产业链的数字化转型。

同时，寿光市大力推进人才培养计划，一方面大力引进科技人才，吸引数字农业人才到寿光市工作，为产业发展提供智力支持；另一方面开展数字农业技能培训，为农民提供数字化素养和操作技能培训服务，提升其对智慧农业技术的掌握和应用能力。

此外，针对蔬菜产业同质化严重的问题，寿光市推行了一系列的改革措施。首先，寿光市政府打造了“寿光蔬菜品牌”，实施“区域 + 企业 +

产品”三位一体品牌战略，致力于为消费者提供安全、优质的蔬菜产品，不仅延长了相关产业链，提升了蔬菜产品的附加值，更有效遏制了假冒伪劣产品充斥市场、破坏寿光蔬菜品牌形象的现象，极大地巩固了寿光蔬菜在全国蔬菜行业的领先地位。其次，寿光市利用区块链技术为自家蔬菜产品建立了产品溯源体系，使消费者可以通过扫描产品包装上的二维码查询蔬菜的产地、种植过程、质量检测以及包装运输等信息，有效提升了消费者对寿光蔬菜产品的信任度，巩固了区域品牌形象。再次，寿光市依托电商平台、直播平台、批发市场、农产品直销店等，大力拓展蔬菜“线上线下”销售渠道，并单独搭建了“寿光蔬菜网”为生产者提供线上销售渠道，实现产销对接，缩短流通环节，降低流通成本和销售成本，提高销售效率，促进农民增收。最后，在巩固国内市场的同时，寿光市也致力于利用电商平台和物流体系拓展海外市场，借此扩大寿光蔬菜的产业规模，提升寿光蔬菜的国际竞争力。

（3）促进农业科技创新。

为了打破传统蔬菜产业瓶颈，提升县域产业竞争力，寿光市一方面有针对性地建设了“寿光蔬菜研究院”，开展蔬菜品种选育、栽培、病虫害防治等方面的科研工作，培育高产、优质、抗病虫害的蔬菜品种，为蔬菜产业发展提供科技支撑，提高蔬菜品质和市场竞争力；另一方面积极引进国内外先进农业技术，推动蔬菜产业技术进步，提升产业竞争力。

同时，寿光市大力宣传“科技创新”工作。一方面，设立科技创新基金，鼓励农业企业和科研机构开展科技创新工作，开发新技术、新产品，推动蔬菜产业转型升级；另一方面，建立高校、科研院所、企业之间的产学研合作机制，促进科技成果转化，推动农业科技创新。

（三）经验启示

寿光市“智慧农业”的发展取得了显著的经济效益和社会效益。第一，自 2015 年推行“智慧农业”以来，随着智慧温室等技术的应用，寿光蔬菜的品质得到了显著提高，产品市场竞争力明显增强；凭借年均 5% 的增长速度，截至 2020 年，寿光市蔬菜总产量已突破 2500 万吨。第二，

"智慧农业"的推广极大地提高了寿光蔬菜的生产效率、降低了生产成本、增加了农民收入；截至2020年，寿光市农民人均收入已超过1.5万元。第三，寿光市发展了一批科技型农业企业，形成了以智慧农业为支撑的现代农业产业体系，产业结构不断优化，正在逐步完成由传统农业向数字化蔬菜产业的转变。第四，无人机植保等技术的应用，有效降低了农药使用量、减少了环境污染、改善了地区生态环境。

在推动产业转型升级的过程中，各县域要注重产业的智能化、管理的精细化和服务的便捷化。具体来说，一是要加强政府引导和市场主导，完善顶层制度设计，制定相关优惠政策措施，鼓励和支持县域产业数字化转型，充分发挥市场的主体作用，积极探索"智慧产业+"发展模式；二是要加强数字产业人才的培养，大力引进专业人才，为县域产业升级提供人才支撑；三是要积极开展科技创新活动，引进先进产业技术，推动县域技术创新和产业创新，提升产业竞争力；四是要根据自身实际情况打造县域特色产业，结合自身资源禀赋和产业基础打造具有区域特色的产业集群，提升县域整体竞争力，实现县域高质量发展。

第四节　数字经济助推县域环境治理的案例及经验启示

辽宁喀左："数字治理+生态产业"，双向并举助力县域生态文明建设

（一）案例背景

喀左县全称"喀喇沁左翼蒙古族自治县"，素有"金鼎之地""塞外水城"等美称，是辽宁省朝阳市下辖县，位于辽、冀、蒙三省交界处，东接朝阳县，西靠凌源市，南邻建昌县，北毗建平县，是辽西走廊的北大门和

环渤海经济圈的重要组成部分。喀左县地形错综复杂，以低山丘陵为主，境内群山环伺、河川交错，构成“七山一水二分田”的地貌，是典型的民族交融区。除汉族外，境内还分布有蒙古族、满族、回族等十多个少数民族。截至2022年，喀左县下辖2个街道、14个镇、5个乡，合计190个行政村和8个社区，总面积2240平方千米；户籍总人口为41.04万人，其中城镇人口为7.71万人，占全县总人口的19%；地区生产总值为112.6亿元，其中第一、第二、第三产业增加值分别为41.8亿元、21.7亿元、49.1亿元。

近年来，喀左县根植于数字经济的沃土，借助数字技术大力推进县域生态文明建设，坚持以绿色促发展、以生态促转变的思想，把县域生态文明建设作为推进县域高质量发展的切入点和着力点，打造了以数字技术赋能生态治理的绿色名片。截至2020年，喀左县的森林覆盖率超过43.2%，入选第二批国家林业和草原长期科研基地名单，城区水域和湿地面积超万亩；2021年10月，喀左县成为第五批“绿水青山就是金山银山”实践创新基地；2022年8月，科技部公布了首批创新型县（市）验收通过名单，喀左县以“科技支撑生态文明”的建设主题位列其中；同年11月，喀左县被生态环境部命名为第六批生态文明建设示范区。根据喀左县环境质量公报（2023年），2023年喀左县城空气质量二级以上优良天数为287天，空气质量达标率为80.39%，除PM10和PM2.5之外，其余项目均符合国家环境空气质量二级标准；所有河段水质年均值均达到或优于生态环境部制定的《地表水环境质量标准》中的Ⅲ类水质标准。目前，喀左县已经成为“绿水青山就是金山银山”在辽西地区乃至全国干旱、半干旱地区创新实践的典型样本。

（二）主要做法

（1）数字孪生技术助力生态环境保护。

2020年初，出于对辽河流域的生态修复和保护，辽宁省部署了辽河流域退田还河、生态封育等重要任务。大凌河是喀左县乃至整个辽宁省西部最大的河流，也是辽河流域的重要支流。为了贯彻落实省级流域保护政策，推进县域生态环境治理，喀左县利用各种新兴数字技术，大力推进对大凌河流域的管控和防治。一方面，喀左县利用遥感、无人机等技术完成了对流域封育区的数据信息采集和地图绘制等工作，并对封育区实行全天候的数字化监测，实现了对封育区内水域、在册耕地、非在册耕地以及林地等的统一化、数据化管理，有效遏制了河流排污、乱砍滥伐等破坏现象的发生，提高了流域资源综合利用效率；另一方面，根据绘制的卫星地图和统计的大数据，喀左县实行“精准育林”，在大凌河干流源点工程以及县域各桥梁节点等绿化覆盖较低、生态较脆弱的地区组织栽种护岸林，不断提高县域绿化面积，推进水土保持工作稳步开展。

除利用常规的生物手段改善大气质量以外，喀左县基于物联网等通信感知技术和数字孪生技术开展包括星（卫星）、空（无人机）、地（颗粒物激光雷达、VOCs 质谱仪、常规六参数等）在内的大气协同监测与污染解析工作，编制了大气污染源清单，为县域的大气污染精准防治工作提供了有力依据。

（2）企业“五化”改革助力降污减排。

喀左县内有多种矿藏分布，产业主要集中在冶金、装备制造、印刷包装、陶瓷建材等方面，工业企业过去一直是县域污染排放的“主力军”。由于环境监管不力，许多工厂肆意向河道倾倒废水、废渣，导致大凌河污染严重，生物多样性严重受损，甚至河道断流、洪水泛滥的现象也时有发生，严重破坏了县域生态环境，影响居民的正常生活。为了改善县域生态环境、推动县域高质量发展，近年来，喀左县转变先发展后治理的理念，秉承“发展与治理相协调”的原则，着力推动企业向数字化、智能化、绿色化方向转型。“十四五”期间，喀左县以朝阳通美晶体科技有限公司、朝阳飞马集团、闽龙陶瓷等企业为引领，规划建设了一批数字化产业园区，通过 5G 技术搭建产业数据通道，推动县域传统产业的“五化”（规模化、集约化、绿色化、高端化、精细化）改革，实施重点行业减污降碳行动，大力推进绿色制造、绿色建筑和绿色低碳运输的发展，不仅实现了生产制造各环节的高效协同，也提高了资源利用效率、降低了企业污染排放、推动了生产节能减排。

与此同时，喀左县充分发挥地区风能和光能等能源储备充足的优势，以大唐新能源、华顺新能源等新能源企业为引领，加快推进县域清洁能源开发工作和储能基础设施建设工作，促进风电、光伏发电、太阳能发电等新能源产业的发展和清洁能源的广泛利用。喀左县从环境污染的源头出发，通过优化能源结构以及促进企业的数字化、绿色化转型，有效减少了废弃物和污染物的排放、改善了县域生态环境质量、提高了县域生态环境治理水平。

（3）智慧旅游助力生态产品价值实现。

2022 年 6 月，喀左县人民政府提出“数字喀左”的口号，要求加快数字经济与实体经济的深度融合，推进大数据中心项目和智慧城市运行管理中心等数字化平台的建设。近年来，“数字 + 生态 + 旅游”已经成为喀左县重点产业融合项目，智慧旅游的兴起很大程度上降低了喀左县对工农产业的依赖，发展方式的转变极大缓解了喀左县的环境治理压力，也代表着喀左县的生态文明建设工作进入一个新阶段。

喀左县拥有丰富的旅游资源，既有龙凤山、龙源湖等自然名胜，也有天成观、精严禅寺古塔、东山嘴祭祀遗址等人文景观。为了充分发挥生态产品价值、践行“绿水青山就是金山银山”理念，喀左县政府积极推动智慧旅游成为县域绿色发展的新引擎，打造国家全域旅游示范区的“喀左样板”。一方面，喀左县强调旅游产业的数字化应用，如通过数字媒体平台制作短视频等方式加大对地区旅游资源的宣传力度；将景区、住宿、餐饮等所有旅游信息全部编入“城市大脑”供游客获取；定制“智能导览智慧语音讲解”服务系统，让游客可以真正实现“一部手机游喀左”等。另一方面，喀左县重点打造智慧旅游项目，将“数字旅游”与“生态旅游”相结合，在促进地区经济发展的同时实现生态环境的协同治理。如喀左县平房子镇小营村依托丰富的自然资源和数字技术手段，打造了集湿地保护和旅游休闲于一体的多元化生态旅游度假地——浴龙谷温泉度假区。景区内的河湖湿地与周边的山林草木相结合，形成了“林护河、水润林”的生态景观，同时游客可以根据智能导览系统等数字平台获得最高效便捷的体验。喀左县在以智慧旅游推动产业结构转型升级的同时有效保护了地区生态资源，增强了地区人民的生态环保意识，推动了县域整体环境治理水平的提高。

（三）经验启示

喀左县秉承以“绿水青山就是金山银山”的发展理念，依靠数字技术与产业发展相协调的方式实现对县域生态环境的直接或间接治理，一改以往经济发展导致严重生态污染的境地，成为国家生态文明建设示范区，百姓人居环境得到显著改善，经济发展质量也得到显著提升，正朝着智能化、绿色化的方向不断迈进。总的来看，喀左县的生态文明建设举措可以分为以下几个方面：第一，借助数字孪生技术对县域生态环境进行直接管控和治理；第二，推动传统企业向数字化、绿色化方向转型，提高资源利用效率，从源头上减少废弃物的排放；第三，调整产业结构，实行“数字 + 生态 + 旅游”的新型产业融合发展模式，减少对传统污染型产业的依赖，进而缓解生态环境治理压力。

在绿色发展和环境治理的过程中，各县域可以充分利用新兴数字技术手段实现对污染的源头管控和针对性治理，提高生态保护和防治效率。另外，环境治理问题除了要“治标”，更要注重“治本”，不仅要立足于数字经济的大背景追求地区传统产业的数字化转型，也要转变发展理念，将环境治理问题与产业结构优化升级相结合，充分利用地区生态资源并发挥生态产品的经济价值，探索具有地区特色的绿色化发展之路。

第五节　数字经济助推县域社会治理的案例及经验启示

一、浙江德清：从技术到应用，省县共探数字乡村治理新模式

（一）案例背景

浙江省是我国数字经济的先发地，得益于独特的发展环境优势和良好的经济基础，其数字乡村建设一直处于全国领先地位，早在 2003 年，

省政府就做出了“数字浙江”建设的决策部署。根据北京大学新农村发展研究院联合阿里研究院公布的《县域数字乡村指数（2020）报告》，截至2020年，浙江省的数字乡村指数为82.6，是我国数字乡村发展水平最高的省份，代表县域数字乡村发展较高水平的百强县也在浙江省分布最多。2021年，浙江省在全国范围内率先启动数字化改革，提出要加快构建“152”工作体系，后又更新为“1512”体系；2022年2月，浙江省委召开全省数字化改革推进大会，在此前基础上增加了“数字文化”系统，提出了更全面的“1612”体系架构，成为浙江省数字化改革的数字密码。其中，第一个“1”是指建立一体化智能化公共数据平台，突出“大脑”建设和公共数据平台智慧化建设；“6”是指要坚持党建统领整体智治、数字政府、数字经济、数字社会、数字文化、数字法治六大系统，这六大系统对应全面深化改革的七大领域；第二个“1”代表基层治理系统，是促使数字化改革从应用落实到基层的重要手段，也是推动改革成果转化为政府治理效能的重要载体；“2”代表数字化改革成果的两种转化方式，即理论体系和制度规范体系，形成一体融合的改革工作大格局。同时，浙江省依托“浙里办”和“浙政钉”两个线上平台，会聚所有政府工作人员到一个平台进行协同办公，实现全部政务服务事项网上可办且“最多跑一次”，大大提升了办事效率，打造了“掌上办事、掌上办公”之省。

德清县隶属浙江省北部的湖州市，地处长三角腹地，东邻桐乡市，西接安吉县，南毗余杭、临平二区，北接湖州市郊；全县下辖5个街道、8个镇，总面积963平方千米。2023年，德清县全县实现生产总值（GDP）680.7亿元，同比增长5.3%；财政总收入142.4亿元，增长7.5%；一般公共预算85亿元，增长6.5%；城镇、农村居民人均可支配收入分别为75292元、48795元，分别增长5%、7.4%，城乡收入倍差降至1.54；常住人口55.7万人，其中城镇人口35.4万人，城镇化率63.55%。2020年德清县入选全国数字乡村建设典型案例，2019—2021年连续三年荣获全国县域数字农业农村发展水平评价先进县，2022年德清县以122.1分的县域数字乡村指数位列全国第一，成为全国数字乡村建设的领头羊。目前，德清县正在创建全域数字化治理试验区，加快推动数字经济与县域治理的深度融合。

（二）主要做法

（1）基于省级数字化架构，建设县域乡村治理数字化平台。

基于“1612”省级体系架构“大脑建设”的要求，德清县组织政府职能部门、村民、社会组织以及市场主体等多方共同参与乡村数字化治理，围绕乡村规划、乡村经营、乡村环境、乡村服务和乡村治理五大板块的20个重点应用建设了涵盖乡村概览、党建统统、生产经营、生态环境、居民服务和疫情防控六个部分的乡村治理数字化智慧平台——“浙里未来乡村在线”系统。系统依托遥感、无人机等信息技术和大数据分析实现对全县地理环境信息的收集与监测，通过多尺度、多时态的空间数据绘制了触及乡村治理各个角落的“数字乡村一张图”，聚焦乡村治理中的人、地、物、事四要素，打破了县域自然资源、农业、交通等各部门之间的信息壁垒，摸清了全县各行政村的“家底”，推动乡村治理流程再造，实现了“一图全面感知”的乡村数字化智治模式；从生产到生活再到生态，各种信息和数据都汇总在这一张图上，各种问题都能及时在平台显现并得到处理，实现了政府、行政村、村民之间的纵向贯通。目前，德清县正探索城乡三维地图建模、人口动态迁移感知系统、乡村治理多规合一应用等20个重点项目，不断丰富空间数据应用场景。

在遵循省级架构指导不动摇的前提下，德清县结合地区实际情况和地方百姓实际需求，开发了面向本地的个性化数字治理平台。首先，德清县在省际集成应用“浙里办”中建设了为村民提供办事服务的本地生活服务小程序——“我德清”。村民可以通过小程序中的“随手拍”功能拍照上传并反馈情况给相关部门进行处理，传达意见和诉求，实现线上政民互动；也可以通过小程序实现各种在线生活服务。

为了改善村民生活质量、增强村民的幸福感和获得感，德清县开发了“幸福云”系统，通过“幸福云”的线上反馈平台，村民足不出户就能享受大小事务的全科上门办理。此外，针对村务治理工作中村民执行力不强和参与度不高等难题，“幸福云”系统还推出了“幸福卡”项目，村民可以通过积极参与垃圾分类、环境整治、庭院清洁等乡村治理事务赚取“家庭幸福指数”积分。积分可以用于兑换生活用品；家中有88周岁以上老人且积分在400分以上的家庭会标注在“数字乡村一张图”上，可以享受免费送到家的“幸福餐”；全年分数达400分及以上的村民还可以享受“幸福宴”及省内两日游等福利待遇。“幸福云”系统是德清县农村“慧治”促自治的一个生动样本，一张“幸福卡”大大提高了村民参与乡村自治的积极性，也提高了德清县数字乡村的建设效率。

德清县仙潭村毗邻莫干山风景区，随着景区的建设发展，近年来仙潭村成为莫干山民宿聚集的核心区之一，民宿产业也成为仙潭村的优势产业。考虑到这一情况，仙潭村在数字乡村平台中建设了具有本村特色的民宿数据管理平台，用来统计民宿位置、客流及住客诉求等信息，并利用大数据进行统一管理和分析，为推动民宿产业发展提供数据支撑。

（2）数据共用共享，加快政府数字化转型。

数字政府改革强调数字化赋能，浙江省在推进一体化、智能化的公共数据平台建设时，始终坚持“集约建设、共享共治”的理念。针对各部门自建App导致政务软件冗杂，办事效率低下，百姓办事找不到方向的情况，浙江省建立了省市县一体化运行的“浙里办”App，将所有政务部门集中到一个平台，实现百姓办事同端。为了提高政府部门的办事效率，浙江省政府和钉钉合作打造“浙政钉”，构建起省、市、县、乡镇（街道）、村（社区）、小组（网格）六级互联互通的在线型政府，大大提高了各级政务部门间的信息传达效率和协同办事效率。以“浙里办”和“浙政钉”为基础，根据《浙江省公共数据开放与安全管理暂行办法》《浙江省电子政务和公共数据管理办法》《湖州市公共数据管理办法》等条例，再结合地区实际，德清县修订完善了《德清县公共数据管理办法》，提出“以共享为原则，不共享为例外”的口号，要求公共管理和服务机构之间无偿共享公共数据，从源头上保障公共数据的实时性和鲜活性。

此外，德清县建立大数据研究中心，在强调数据安全、筑牢数据安全管控防线的基础上，聚焦数据治理、数据共享、数据应用、数据开放和机制保障五大方面，整合浙江政务服务网德清平台以及“浙政钉”，调整政务运行流程，大力推进业务协同，搭建大数据中枢平台和业务共享平台，提高政府治理效能，推动政府科学决策。德清县加快数据在现代城市和现代产业的场景应用，面向群众提供优质高效的智慧化服务，推动县域智慧治理，同时以场景驱动智慧产业发展。

（三）经验启示

德清县充分利用了全国数字经济先发地的优势，积极响应国家数字乡村建设，通过省地县共建数字治理平台，推动新兴数字技术落实到乡村治理的应用层，如今已然成为全国数字乡村建设的典型样本，“德清经验”值得在全国范围内推广和学习。德清县数字乡村建设取得如此成就的原因不仅在于其发展时间早、政策支持力度大，更在于浙江省重视顶层制度设计，德清县敢于在顶层制度框架下因地制宜，走出具有地方特色的数字乡村治理之路。总的来看，德清县的数字乡村改革措施可以概括为以下几个方面：一是重视顶层制度设计，以顶层制度框架统领县域数字乡村建设；二是建设具有县域特色的数字化治理平台，以数字技术推动乡村“慧治”；三是强调数据共用共享，简化部门办事流程，促进多部门协同共治，提高政府的办事效率，加快政府数字化转型。

在数字乡村建设的过程中，各地要加强顶层制度设计和保障，树立“面向人民、服务人民”的县域数字治理理念。一方面要制定省级数字乡村发展路径和框架，引导各县域结合地区实际情况开发数字乡村治理平台并逐步纳入各方业务，整合移动端应用，为人民群众提供高效便捷的在线服务；另一方面要建立数据中心机构和资源共享机制，加强数据安全防护，合理推动县域各部门间的数据共享和业务协同治理，避免资源重复浪费，提高数字乡村建设效率，以数据赋能县域治理和乡村建设。

二、河南镇平“五个一”机制创新，打造数字治理“镇平样板”

（一）案例背景

镇平县隶属河南省南阳市，位于南阳盆地西北侧、伏牛山南麓，东依南阳市卧龙区，南邻邓州市，西接内乡县，北连南召县，总面积 1494 平方千米。截至 2019 年，镇平县总人口为 104.94 万人，其中常住人口为

86.94 万人；地区生产总值为 256.93 亿元，比上年同期增长 7.1%，人均地区生产总值为 29615 元，增长 7.4%。2019 年，镇平县三次产业结构占比分别为 13.8%、31.6% 和 54.6%，第一产业增加值为 35.6 亿元，增长 3.7%；第二产业增加值为 81.1 亿元，增长 9.0%；第三产业增加值为 140.2 亿元，增长 6.8%。镇平县是少数民族分布较多地区，截至 2021 年 10 月，镇平县下辖3个街道、15个镇和4个乡，共分布有31个少数民族，合计6.87万人，占总人口的 6.3%；其中，有蒙古族 4.28 万人、回族 2.46 万人，有超千人少数民族的乡镇 13 个、少数民族聚居村 48 个。多民族交错分布的现状给镇平县的基层治理带来很大挑战，如何有效推动乡村基层高效治理、提升政府服务效能是镇平县一直以来亟待解决的关键问题。

近年来，镇平县认真贯彻落实党中央以及河南省（市）的决策部署，以乡村振兴统揽全局，加快数字乡村、数字城市、数字产业和数字经济的发展。镇平县以数字镇平建设为引领，夯实基础支撑、强化数据共享、创新工作机制、提升服务效能，大力推动数字政府建设，探索出具有镇平特色的县域治理新模式，成功跻身河南省首批数字乡村示范县，居全国数字乡村百强县榜单第 31 位、全省第 1 位，打造出数字治理领域全国领先的“镇平样板”。2022 年，河南省数字乡村现场观摩和经验交流会在镇平县召开。

（二）案例措施

面对多民族基层治理的特殊任务和数字化发展的新机遇，镇平县不断整合内部资源、借助外部力量，创新推进以党建为引领、以数字为核心、以高效为宗旨的智慧化、网格化、一体化的“一核三化”管理机制，创造性地推出了“五个一”工作机制，打通了县乡村三级基层治理体系，充分调动起广大乡村群众参与数字经济发展的主动性和积极性，为乡村治理点燃了飞速发展的引擎，大幅缩小了城乡间、民族间的“数字鸿沟”，构建了一个崭新的数字乡村镇平模式。

（1）“一张蓝图”，做好基层治理顶层设计。

首先，完善组织架构。镇平县组织建立了大数据应用暨数字经济发展联席办，实体化运作正科级事业单位——政务大数据中心，组建了云顶大数据管理运营公司，初步形成了“一办、一中心、一公司”的三位一体推进模式。其次，明确发展方向。镇平县成立了大数据产业发展联盟，组建数字经济发展智库并编制了《镇平县数字经济调研分析报告》，明确了数字经济发展战略、总体思路和项目支撑，做到设计规划、平台建设、数据管理、共用终端、监控服务“五个统一”。最后，细化推进举措。镇平县政府制定并出台了《镇平县数字政府建设方案（2022—2025）》和《大数据应用暨数字经济发展项目建设及运营管理暂行办法》等数字发展政策，围绕八大方面的37项重点工作细化数字政府建设的具体任务、责任单位和时间节点，着力形成上下联动、齐抓共管的工作格局。

（2）“一云共享”，夯实线上办公基础底座。

首先，推动数字基础设施县域全覆盖。镇平县组织并实施了电子政务外网主备双线路建设项目，建设5G基站809个，实现中心城区和乡镇主要街道及热点区域的5G信号全覆盖、行政村宽带覆盖率100%；同时，镇平县开展“雪亮工程”，安装公共摄像头、智能井盖传感器等物联设备8000余个，实现了学校、养老机构、交通路口等重点区域的全覆盖。其次，推动线上办公全覆盖。镇平县完善综合指挥调度中心建设，建成全县统一的标准化数据中心机房，上线运行本地化定制的镇平县政务钉钉，“小鱼易连”视频会议系统覆盖县、乡、村三级，实现所有行政事业人员线上办公。最后，推动服务事项全覆盖。镇平县实施政务服务和就业服务双体系建设，在全县22个乡镇街道布设“政务服务、就业服务”智能一体机、取号机、自助查询机、智能交互终端、高拍仪、LED屏等信息化设备，实现乡级154项事项和县级2070项事项全部入网。

（3）“一网通办”，提升数字政府服务效能。

首先，加强数据信息管理。镇平县建立了“首席数据官+数据专员”制度并编制了镇平县政务信息《需求清单》和《资源目录》，建立政务数据目录766个，数据挂载率100%，数据量超300万条，涵盖地理、经济、人口等多个领域，共搭建数据共享接口300余项，仅2023年便完成数据共享申请60余项、调用接口3万余次。其次，推行免证即办制度。镇平县制定了《镇平县“免证办”政务服务事项清单》，梳理常用电子证照清单 111 类和免证办理事项 493 项，制发电子证照 23 万张，制证覆盖率达 100%。最后，丰富数据应用场景。镇平县围绕企业服务，搭建“玉都兴企通”平台并完善惠企政策数据库，开通政企“直通车”，推动政策直达快享；实行执法人员“入企扫码”并推送至纪检部门，确保阳光执法、公正执法；围绕法治政府建设，打造智慧行政执法监管平台，推进行政执法、刑事司法、监察执法的“三法衔接”。

（4）“一键直达”，创新双向融合治理模式。

首先，强化数字平台载体。镇平县按照“政府引导、企业主导、群众参与”的运营模式，在全国首创“村振”数字乡村平台，涵盖政务服务、家园社区、电子商务、普惠金融、便民民生等诸多板块，促使基层治理从单向管理转变为双向互动，从线下转变为线上线下融合推进。目前，镇平县有实名上线群众 28 万余户、上线率达 61.2%，全县公众安全感居全省第 9 位，2023 年“村振”平台被农业农村部推介为数字农业农村新技术新产品新模式优秀项目。其次，建立“一核三化”模式。镇平县以强化党建引领为核心，推进基层治理网格化、智慧化、一体化；以“村振”平台为依托，将全县划分为五级网格单位 6931 个，上线网格员 9946 名，累计采报、处置、办理基层事项 1.4 万件，办结率达 99.5%。最后，加快推进智慧城市建设。镇平县在南阳全市率先实施智慧城市领导驾驶舱项目，搭建“1+3+N”智慧城市体系，即一个智慧大脑总台，数据中台、应用中台、智能中台三个应用中台和智慧门牌、智慧城管、智慧养老、智慧停车、智慧应急、金融超市等多种应用场景，实现一屏览全县、一网治全城。

（5）“一体互动”，放大数字产业示范效应。

首先，推动县域农业数字化转型。镇平县坚持农业产业全链条数字化、网络化、智能化，统筹农机、农艺、农技“三位一体”发展，组织实施村智慧农业基础设施建设项目 32 个，规划建设镇平县数字乡村管理平台 1 个数字村庄、3 个数字农业（数字菜园、数字菌园、数字果园）应用场景的“一村三园”数字村庄示范项目，分批设立省、市、县三级智慧化追溯点 18 个，初步实现灌溉远程自动化控制，场景实时监控，气象、墒情和病虫害情况自动预警。其次，推动县域重点产业数字化转型。镇平县以数字政府建设为引领，聚焦电子元器件及设备制造、新型建材、绿色食品等“两主一新”产业，加速推动数据要素与传统产业深度融合，加快“生产换线、设备换芯、机器换人、企业上云”，大力发展新质生产力，推进工业企业数字化改造。目前，镇平县坐拥31家国家级高新技术企业和11家“专精特新”企业，微特防爆、中联水泥等企业成为国家级绿色工厂。最后，推动特色产业与数字要素深度融合。镇平县实施“玉+”战略，成功举办首届“中国南阳（云）玉雕节”，探索“玉雕+电商”新模式，推动玉雕产业向千亿级迈进。同时，镇平县以梧桐树新经济产业园为载体，吸引抖音、淘宝、顺丰、拼多多等电商平台和物流企业30余家入驻，全年电商交易额超350亿元，电商活跃度位居中西部县域之首，县域电子商务发展指数位居全省第2，并两度荣获国家电子商务进农村综合示范县。

（三）经验启示

总的来看，镇平县以数字化社会治理为基础，打造村级门户并实现万村互联，通过信息化积极发挥党建引领作用，聚合政务、电商、农业、金融、民生便民等数字服务下沉农村，推动“互联网+”社区向农村延伸，推行“线上+线下”融合的现代治理模式，畅通社情民意，推进共建共治共享，培育增强农村群众互联网能力，拓宽农民增收渠道，推动农业农村现代化进程，助力乡村振兴。

各县域在推动数字乡村治理、数字政府建设的过程中，可以充分借鉴镇平县的既有经验。第一，各县域要完善数字治理和数字产业发展的顶层制度设计，规划好县域数字治理的基本蓝图，明确数字化发展的总体方向和思路，形成协调有序的工作格局。第二，各县域要完善数字基础设施建设，提高数字基础设施的覆盖广度和深度，为县域数字治理打下良好基础。第三，各县域要结合数字要素创新县域数字治理模式，开发政务线上办理平台和民意反馈平台，推动政务由单向办理向双向融合转变。第四，乡村基层治理一定程度上也受制于县域经济发展水平，在建设数字治理平台时，也要充分推动县域特色产业数字化转型，形成“数字治理+数字产业”融合并进的发展模式。

第十一章 数字经济助推县域高质量发展的实现路径

数字经济是把握当下科技革命和产业革命新机遇的战略选择，在当前我国经济发展面临需求收缩、供给冲击、预期转弱的三重压力下，传统经济受到了巨大冲击，而数字经济正逐渐成为经济社会运行的稳定器和加速器，加快发展数字经济对于我国整体战略目标而言有着不可忽视的重要意义。正如习近平总书记指出："推动数字经济和实体经济融合发展。要把握数字化、网络化、智能化方向，推动制造业、服务业、农业等产业数字化，利用互联网新技术对传统产业进行全方位、全链条的改造，提高全要素生产率，发挥数字技术对经济发展的放大、叠加、倍增作用。"数字经济作为继农业经济和工业经济之后的一种促进公平与效率更统一的经济形态，有助于加快县域产业集群向数字化、自动化和智能化方向转型，推动不同产业或同类产业的不同行业之间的相互渗透和交叉。同时，在当前我国经济下行的压力下，县域正逐渐成为我国经济发展的新基本盘，立足县域资源禀赋优势，通过激发数字经济的巨大赋能作用，促进县域传统产业集聚融合、提质增效，打造良好的数字生态体系，催生县域新产业、新业态、新模式，对实现县域产业集群数字化转型、丰富县域现代化经济体系发展内涵、加快城乡融合发展具有重大意义。根据本书对数字经济助推县域高质量发展的路径研究，结合当前河南省数字经济助推县域高质量发展存在的问题，发现数字经济可以通过提升创业活跃度、优化产业结构以及推动环境治理等路径助推县域高质量发展，具体而言，可以通过以下措施推动河南省县域高质量发展。

一、加强县域数字基础设施建设

各县域要坚持应用与需求导向，加强对县域数字基础设施的建设，尽快打造完善的硬件基础设施体系，提升数字化网络覆盖能力和信息化水平，有序推进大数据、云计算等算力基础设施升级改造，打通县域产业集群信息互联互通的“大动脉”，为县域经济数字化转型和高质量发展提供最基础的数字基础设施保障，夯实产业集群数字化融合发展的基础支撑。具体包括以下几个方面。

（1）全面提升网络覆盖度。

首先，政府要扩大宽带网络在县域特别是农村地区的覆盖度，推动光纤宽带网络覆盖到县域所有家庭和企业，提升网络速度和稳定性，实现千兆光纤到户和宽带网络“村村通”，确保偏远地区也能享受高速互联网服务；其次，要建设和完善县域无线宽带网络，提升无线网络覆盖度，降低无线网络使用成本，确保县域公共场所、商业区、居民区、产业区和旅游景点等区域实现全方位、全天候、高效率的无线网络覆盖；最后，要加快推进县域5G网络建设，包括加快5G基站建设和数字应用推广，县域的重点区域和重点行业要确保5G网络的覆盖广度与深度，推动5G在智慧城市、智慧农业、智慧工业等领域的应用，提升县域各行各业的数字化水平。

（2）建设区域性数字中心。

河南省目前建设有1个省级数据中心和28个市级分中心，但这些数据中心大多集中在各地级市，主要服务于城市中心，对县域的影响程度较低，因此要加快建设服务于县域的区域性数字中心，特别是那些离市域或区域经济中心较远的县域，更要注重县域区域性数字中心的建设。

一方面，各县域政府要主动牵头并鼓励企业参与，采用节能环保技术，共同建设本地化的绿色大数据中心，满足县域数据存储和处理的需求，降低能耗和运营成本，推动数据资源的共享和开放，支持政府决策和企业运营，逐步摆脱过于依赖市级或省级数据中心的现状；另一方面，要大力建设县域云计算平台，提供包括基础架构即服务（IaaS）、平台即服务（PaaS）和软件即服务（SaaS）在内的云计算服务，为本地企业和政府部门的数字化转型提供技术支持。

（3）发展物联网基础设施。

首先，各县域要提高物联网感知网络的延伸范围和密度，在县域农业、工业、环保、交通等领域布设各类物联网传感器，建设全面、高效的物联网感知网络，以实现数据的实时采集和传输；其次，要提升物联网应用水平，大力推广智能家居、智能农业设备、智能工业设备等智能终端设备在生产生活中的应用；最后，要加快统一化、标准化的县域物联网平台建设步伐，制定物联网应用标准，整合各类物联网软件和应用，实现数据互通和资源共享，确保设备和系统的兼容性与互操作性。

（4）强化网络安全基础设施建设。

各县域要打造专用的网络安全防护体系，部署先进的网络防火墙和入侵检测系统，建立数据加密和备份机制，确保数据的安全性和可恢复性，保护县域网络安全，防止受到外来侵扰，造成数据丢失等问题。同时，各县域要建立网络安全监控中心，制定网络安全应急预案，建立应急响应团队，确保对县域网络运行状态进行实时监控，以便及时发现和应对网络安全威胁，快速处置网络安全事件。

（5）推动智慧基础设施建设。

各县域要加快推进智慧城市建设，建设智能交通管理、智能环保监测等系统，推进智慧医疗、智慧教育、智慧社区等公共服务项目，构建包含智慧交通、智慧环保、智慧公共服务等在内的智慧基础设施体系。同时，河南省是我国粮食主产区之一，在保障国家粮食安全方面有着至关重要的地位，因此要大力推广精准农业技术，建设智能灌溉、智能施肥、智能监测等系统，提高农业生产效率和资源利用率，收集和分析农业生产数据，为县域农业生产提供科学决策支撑，推动各县域由传统农业向智慧农业转变。

（6）发展数字教育和医疗基础设施。

河南省人口众多，但教育和医疗资源从全国来看相对落后，部分偏远落后县域更是难以享受高质量的教育和医疗服务，因此要大力提升数字教育和数字医疗的基础设施建设水平，提升教育、医疗的质量和公平性。对于数字教育来说，要推动教育向信息化、可视化方向转变，建设智慧校园，推广电子书包、在线课堂等教育信息化应用；同时，要搭建教育资源共享平台，积极引进全国各地的优质教育资源，实现教育资源的共建共享。对于数字医疗来说，要加快建设远程医疗平台，推动远程诊疗、远程会诊等医疗应用在落后县域的覆盖，提高优质医疗服务的普及性和效率性；同时，要建立健康大数据管理平台，整合县域居民健康数据，提供个性化的健康管理服务。

二、促进县域产业数字化转型

数字产业化和产业数字化是数字经济的核心内容，当前河南省诸多县域仍然以农业、传统制造业和传统服务业等为主要支柱产业，推动传统产业向数字化方向转型是发展数字经济最直接、最有效的方法，也是推动河南省县域经济高质量发展的有效途径。针对当前河南省县域存在的严重发展不均衡问题，在省际层面，河南省要制订全面协调的数字经济发展战略规划，统筹豫东西南北中五类县域以及示范引领县、整体推进县、巩固提升县三类县域的协调发展。既要加快推进各县域数字经济与实体经济的深度融合，鼓励和支持传统产业实现数字化转型，对传统产业进行全方位、全链条的改造，推动物联网、大数据、云计算等新兴数字技术在县域工农业和服务业的渗透，为产业集聚提供关键支撑，提高生产、管理效率以及产业附加值，提升县域产业集群塑链能力和产业链现代化水平；也要加快推动数字创新成果转化，建立对应的数字化产业园区，打造电商物流平台并完善县域仓储体系，拓展数字经济市场，最大限度地发挥数据要素的经济价值。具体来讲，可以采用不同的数字技术手段促进对应产业的数字化转型。

（1）农业数字化转型。

推动农业数字化转型可以从推广智慧农业技术应用、建设农业大数据平台以及农业区块链溯源等方面入手。

推广智慧农业技术应用：首先，大力推广精准农业模式，应用传感器、无人机、卫星遥感等数字技术手段，实现对土壤、气候、作物生长等数据的实时监测，并进行精准施肥、精准灌溉和精准作业，提高农作物的产量和质量；其次，要加快智能设备的应用，推广智能农机、智能灌溉系统、自动饲喂系统等，提升农业机械化和自动化水平，降低劳动强度和成本，提高劳动效率；最后，要建立农业物联网平台，通过传感器和智能设备实现农业生产全过程的监控与管理，提高农业生产效率和资源利用率。

建设农业大数据平台：要建设针对县域特色农业产业的大数据平台，收集与分析农业生产、市场和气象等数据，为农户提供精准的生产决策支撑和市场、天气变化预测，从而优化农产品供应链管理，降低农产品在生产、流通、销售等各个环节的损耗。

农业区块链溯源：利用区块链技术实现农产品的全程溯源，将产地、生产日期、施肥状况、运输环节以及产品价格等信息传达给顾客，可以有效保障食品安全，遏制假冒伪劣产品在市场的充斥，从而提高客户满意度，提升县域农产品的品牌价值和市场竞争力。

（2）制造业智能化转型。

一方面，要推进工业互联网的应用，推广智能制造系统，通过工业互联网、云计算、大数据、人工智能等数字技术手段，建设智能工厂、构建智能化生产线，实现生产过程的自动化、数字化和智能化；通过工业物联网，实现生产设备之间的互联互通，并对生产数据进行实时监控、采集和分析，优化生产流程，加强设备维护和管理，提高生产效率和产品质量。另一方面，要强调供应链的数字化管理，提高供应链的协同水平，应用大数据、区块链等技术，实现供应链上下游企业间的信息共享和协同作业，提高供应链的透明度和响应速度。同时，要加快打造县域独立的智能仓储系统，应用自动化仓储设备和物流机器人等技术提高仓储和物流效率，降低产品运输成本。

（3）服务业数字化转型。

首先，在当下数字经济时代，产品的销售不再仅仅依赖于线下购买，各种网络购物平台的兴起和壮大已经颠覆了过往的商品交易模式，大力推动电子商务产业的发展是河南省县域经济实现高质量发展不可避免的道路。这要求各县域立足于县域特色产品，鼓励和支持县域企业建立与发展本地电商平台，通过网络销售渠道拓展产品市场，提高产品销量和品牌知名度；支持县域企业参与跨境电商，通过跨境电商平台开拓海外市场，提升产品附加值和竞争力。

其次，河南省部分县域（如栾川县等）拥有丰富的旅游资源，要充分利用现有资源发展县域智慧旅游，实现资源环境效益和经济效益的双向并举。一是要建设智慧旅游平台，整合县域旅游资源，提供在线预订、线路规划、周边商业预览、虚拟现实等全过程服务，提高游客体验和旅游管理水平。二是要建设智慧景区，在景区内推广智能终端设备（如电子门票、智能导览、实时监控等），提高景区的管理效率和服务水平。

最后，各县域要加快发展智慧物流，建立县域物流信息平台，推广智能快递柜、无人配送车、无人机等技术，提升物流配送的效率和便利性，实现物流信息的实时共享与跟踪，提高物流运输效率和服务质量。

（4）发展数字经济新业态。

数字经济新业态涵盖了许多前沿和创新领域，这些新业态正在重塑传统行业并创造新的商业模式。河南省县域需把握住行业风口，大力支持新兴产业的发展，引导企业加大研发投入，提高技术创新能力，进一步推动企业加大技术改造和设备更新力度，增强企业智能应用能力、新型管理能力、网络协同能力、数据贯通能力等核心能力，提升企业生产要素质量和配置水平。除了当下比较普遍的共享经济、数字金融、在线教育、数字健康等业态，河南省县域还可以结合自身丰富的文化底蕴，发展虚拟现实（VR）、增强现实（AR）、数字文创、数字身份和数字媒体等产业，大力弘扬地区传统文化，打造区域性数字文化品牌，加强新产品价值创造，在品牌塑造、培养以及推广的过程中，加强与消费者的互动联系，积极运用数字技术和模式创新，开展品牌生命周期全过程的价值再造，着力塑造一批具有较强市场影响力与竞争力的品牌、企业、产品和服务。

（5）加强产业数字化服务体系。

一方面，各县域要加快建立数字服务平台，包括县域数字经济技术服务平台和技术创新交流合作平台，前者为县域企业提供信息咨询、技术支持和培训服务，帮助企业提升数字化应用能力，后者推动企业之间的技术合作，促进信息交流和资源共享。另一方面，各县域要结合自身实际状况，根据不同行业和企业的需求，提供个性化、定制化的数字化转型解决方案，帮助企业实现数字化改造升级。同时，各县域可以选择一批具有代表性的企业，开展数字化转型示范工程，总结推广转型成功经验，带动整个县域产业的数字化转型；选择一些县域作为数字经济发展示范区，通过试点探索和经验总结，为其他地区提供可复制、可推广的经验。

三、大力培养和引进数字经济人才

数字经济作为一种新经济，对知识素养的要求较高，人才是发展数字经济必不可少的因素，而河南省大部分县域由于经济发展水平不高、发展前景不明朗、人才培养目标不明确，难以培养和留住数字经济人才，成为县域数字经济发展的一大阻滞。各县域要重视人才的培养和引进，提高科学教育支出，加快构建层次分明的人才队伍建设体系，培育既具备数字化思维和能力，又熟悉制造业发展模式及流程的综合型人才。同时，各县域要大力建设人才培训基地，推动校企合作，提供数字经济职业培训，培养一批具有数字经济专业知识和技能的高素质人才以满足数字经济发展的需求。具体来讲，河南省县域可以通过以下路径培养和引进数字经济人才。

（1）培养本地人才。

培养本地人才最关键、长远之计在于改革教育体系。受限于我国教育发展环境，当前河南省乃至全国都仍以应试教育为主，缺乏对数字经济领域相关知识的传授，因此，河南省县域可以在中小学阶段引入编程、机器人、人工智能等数字经济相关的基础课程，将数字经济相关知识设定为教育考核目标，培养学生的数字思维能力和基本技能。同时，河南省县域可以在基础教育阶段对学生实行分流管理，发展数字经济相关的职业教育，设置与数字经济相关的专业（如网络技术、电子商务、数据分析等）来提升学生实操能力，对口培养专业化的数字经济人才。

在高等教育方面，河南省缺乏顶尖的高等院校，并且现有院校的院系设置存在一定的固化问题，因此，要鼓励本地高校开设数字经济相关专业，培养高层次的数字经济人才，同时要推动高校与数字化企业合作，共同开展科研项目和人才培育计划，实现产、学、研的有机结合。

此外，各县域要开展具有针对性的数字培训计划，包括政府主导培训和企业内部培训。政府牵头组织数字经济相关的技能培训班，为企业员工和社会人员提供再教育机会，提升其数字化能力和适应水平；企业建立内部培训和考核机制，定期开展数字技能培训，全面提高员工的数字化素养。

（2）鼓励本地在外人才回流。

从创业资金支持、税收优惠、产业扶持等方面出发，政府制定吸引外出人才返乡创业就业的政策，开展面向本地在外人才的定向招聘活动，吸引人才回乡就业；利用本地在外成功人士的乡土情结，组织返乡考察、创业大赛等活动，吸引其回到家乡发展，进而拉动县域数字经济创业发展投资。

（3）引进外部人才。

首先，地方要出台相关的人才引进政策（如住房补贴、子女教育、医疗保障等），给予外部人才具有吸引力的优惠扶持，吸引高端数字经济人才到县域工作和生活；其次，要为外来创业者提供创业资金支持、税收优惠和办公场所等便利条件，鼓励他们在县域内创新创业；最后，要打造数字经济人才合作交流平台，举办线上人才招聘等活动，与国内外知名高校、科研机构和企业建立合作关系，吸引国内外优秀人才到县发展。

（4）优化人才发展环境。

一方面，各县域要建设完善的数字基础设施（如高速网络、智能办公设备等），建设创业孵化器和创新基地，提供创业指导、投融资支持等服务，为数字经济人才提供良好的工作环境，营造有利于创新创业的生态环境，帮助初创企业快速成长；另一方面，要提高人才生活质量，完善住房、教育、医疗、文化娱乐等配套生活设施，提供便利的社区服务（如健康管理等），解决人才的后顾之忧。

（5）建立人才激励机制。

从薪酬激励和职业发展两个角度出发，县域企业和政府要为人才提供具有竞争力的薪酬待遇，建立绩效奖励机制，根据工作成果和创新贡献，给予相应的奖励和激励，推动科技成果转化；也要为人才提供明确的职业晋升通道，支持和资助数字经济人才参加国内外相关学术会议以及各种培训、交流活动，进一步开阔其国际视野、提升其专业水平，激励他们不断提升自身能力和水平。

（6）促进人才流动和资源共享。

各县域可以与周边地区建立人才流动机制，促进人才资源的共享和流动，实现区域内人才资源的优化配置；开展跨区域的合作项目和研究课题，吸引更多数字经济人才参与，提升区域整体创新能力。同时，各县域可以利用现代信息技术推广远程工作模式，让外地人才也能为本地企业服务，解决地域限制问题；通过在线教育平台，提供高质量的数字经济相关课程和培训，提高本地人才的数字化水平。

四、加强县域信息安全和数字治理

信息安全水平和数字治理水平是衡量一个地区信息化水平的重要尺度，加强县域的信息安全和数字治理，减少各类信息安全事件的发生，可以有效提高县域数字经济发展效率，提振地区行业发展信心，推动县域经济的高效率、高品质发展。具体来讲，各县域可以采取以下措施保障地区信息安全、提高地区数字治理水平。

（1）完善信息安全法律法规。

合理、健全的法律法规是助推县域数字经济发展的"稳定器"，加强对数字经济领域的监管和保护，可以为数字经济提供良好的发展环境。各县域要制定并完善与信息安全保障相关的法律法规，改善县域数字经济发展环境，使企业和个人在经商营商时有法可依；也要加大执法力度，坚持“制度创新 + 审慎监管”，确保法律法规得到严格执行，对信息安全违规行为进行严厉打击，坚决追究数字违法犯罪责任；还要制定和实施《个人信息保护法》《数据安全管理条例》等数据保护法规，规范企业和个人在信息收集、使用、存储、共享等方面的行为，确保数据的合法合规性，保障公民隐私权。

（2）建立健全信息安全管理体系。

各县域要加强信息安全防护体系建设，一方面，县域内要建设全面、独立的网络安全防护体系，部署防火墙、入侵检测系统、反病毒软件等，防范网络攻击和恶意软件，逐步改善对市域、省域过度依赖的现状。另一方面，各县域要实施数据加密措施，建立数据备份机制，确保敏感数据在传输和存储过程中的安全性，防止数据丢失和损毁；也要加强信息安全的审计与监控，建立实时安全监控系统，定期开展信息安全审计，评估信息系统和网络的安全状况，监控网络流量、用户行为和系统日志，及时发现并修复系统安全漏洞。

（3）提升信息安全技术能力。

一方面，各县域要加大在信息安全技术方面的自主研发投入，推动核心技术的自主创新，提升信息安全的自主可控能力，积极应用人工智能、区块链等新兴技术，提升信息安全防护能力和效率；另一方面，针对创新技术，要制定信息安全相关的技术标准和规范，开展信息安全技术培训，提高技术人员的安全意识和技能水平，确保信息安全技术的统一性和兼容性，提升地区整体信息安全防护能力。

（4）加强数字治理体系建设。

各县域要明确形成政府主导、多方参与的数字治理架构，规定各级政府和部门的职责与分工，鼓励县域企业、社会组织和公民广泛参与数字治理，形成政府、企业和社会共同治理的格局与统一协调的数字治理体系。首先，各县域要加强数字政务平台建设，推动政府的数字化转型，建立数据共用共享机制，加强部门间的合作，这一做法既有利于提高政府服务效率、降低行政成本，也有利于打破“信息孤岛”，提高政府决策的科学性；

其次，要加强对数据信息的安全监管，防止信息外露和滥用，保障个人信息和商业数据的安全；最后，要推动区域网络平台共建和开放，加快培育数据交易市场，大力推广普惠性数字化服务，助力各类中小企业“上云”，实现资源云上集聚，提升企业生产效率。

（5）提高公众信息安全意识。

从公众层面出发，一是要在县域内加强信息安全方面的教育与宣传，开展信息安全知识普及教育，提高公众的信息安全意识和防护能力；二是要通过多种渠道开展信息安全宣传活动（如网络安全周、安全知识竞赛等），提高社会对信息安全的关注度。从企业层面出发，一是要加强对企业的培训与指导，对企业进行信息安全培训，提高企业管理层与员工的信息安全意识和技能水平；二是要为企业提供信息安全指导和咨询服务，帮助企业建立和完善信息安全管理体系，提升企业的信息安全水平。

（6）完善应急响应及追溯机制。

从事前角度出发，各县域要建立信息安全应急响应机制，包括预案制定：制定信息安全应急预案，明确应急响应流程以及各部门的职责分工，确保发生信息安全事件时能够快速响应和处理；开展相关演练和演习：定期开展信息安全应急演练和演习，检验应急预案的有效性和可操作性，提高应急处置能力。从事后角度出发，各县域要建立事件报告与追溯机制，包括事件报告：建立信息安全事件报告机制，可以确保信息安全事件能够及时上报和处理，减少事件的影响并降低损失；事件追溯：对信息安全事件进行追溯和分析，找出事件发生的原因和漏洞，采取措施进行整改和预防，防止类似事件再次发生。

（7）强化地区交流与合作。

河南省县域尤其是部分信息安全体系建立不完善的县域，一方面，要加强与周边地区、省份的交流与合作，建立信息安全情报共享机制，及时获取和共享信息情报安全威胁，提高县域信息安全防护能力；另一方面，要学习并引进先进的信息安全技术和管理经验，积极参与国际信息安全标准的制定和推广，推动本地信息安全标准与国际标准的对接，提高县域信息安全的国际化水平。

五、优化县域金融服务

金融服务在推动县域数字经济发展中扮演着至关重要的角色，完善的金融服务为县域数字经济发展提供了必要的资金支持、风险管理、金融产品和政策支持，有力地推动了县域经济的转型升级和高质量发展。同时，提升金融服务能力和优化金融生态环境，也为县域数字经济企业的创新与成长提供了良好的基础和保障。具体来讲，可以通过下列举措优化县域金融服务。

（1）拓宽融资渠道。

第一，县域政府要推出适应中小企业和数字经济发展的多样化贷款产品（如信用贷款、科技贷款、循环贷款等），对符合条件的中小企业和数字经济企业实施税收优惠政策与研发费用加计扣除政策，降低中小企业融资门槛，提高资金获取效率。

第二，县域政府要积极组织和引导风险投资基金、私募股权基金、产业引导基金等投资县域数字经济项目，充分发挥国家战略性新兴产业发展基金的引导作用，优化财政资金使用方式，精准发力支持县域数字经济核心产业发展，降低企业数字化转型门槛和成本以支持数字经济企业的融资需求；同时可与企业合作设立创业投资基金，支持初创企业和创新项目的发展，为县域数字经济发展提供资本支持和管理经验。

第三，县域政府要打造完备的供应链金融，通过供应链金融为县域数字经济产业链上下游企业提供资金支持，解决企业的流动资金需求。

第四，县域政府要大力支持互联网金融建设，搭建互联网金融平台，推动企业通过平台筹集资金，实现贷款申请、审批、放款全过程在线化，为中小企业提供便捷、低成本的贷款服务，支持创新项目和创业企业的发展。

（2）完善金融基础设施。

首先，各县域要加快建设服务于县域企业和个人的信用信息平台，记录并共享企业与个人的信用信息，引入第三方信用评级机构对企业和个人进行信用评价，从而推动信息的透明化，为金融机构提供决策参考，降低金融机构的信贷风险；其次，要建设覆盖面更广的金融服务网络，包括增加县域银行、保险、证券等金融机构的服务网点以及推广移动支付、移动银行等数字化应用，方便居民和企业快速、高效地获取金融服务。

（3）建设多元化金融产品体系。

第一，各县域要为县域数字经济产业提供政策性金融产品，设立专项资金（如科技创新基金、中小企业发展基金等），政府提供担保，降低金融机构对中小企业放贷的风险，推动更多贷款资金流向中小企业，支持重点行业、领域企业的发展；第二，要大力发展绿色金融，推出绿色贷款产品，支持环保节能项目和绿色产业发展，鼓励企业发行绿色债券，募集资金用于可持续发展项目；第三，要推广应用科技金融，为科技企业提供科技保险产品，降低科技研发和创新的风险；第四，要推出知识产权质押贷款产品，帮助科技企业利用专利、商标等知识产权进行融资。

（4）提高金融服务能力。

一方面，各县域要加强金融机构客户服务体系建设，对金融机构从业人员及企业管理人员开展专业技能和金融知识培训，简化金融服务的办理流程和手续，降低企业和居民办理金融业务的难度，提高金融机构服务中小企业和数字经济的能力与企业的风险管控能力；另一方面，要加强金融科技应用，利用大数据分析、区块链、人工智能技术等提升金融机构的风控能力，提高贷款审批效率和准确性。

（5）优化金融环境。

首先，各县域要严厉打击非法金融活动，加大对非法集资、高利贷等非法金融活动的监管和打击力度，保护金融消费者的合法权益，维护金融市场的健康和稳定；其次，要加大金融法治的宣传力度，通过多种形式开展金融法律知识普及，提升公众对非法金融活动的辨识能力，防范金融风险；最后，要建立健全金融风险预警和防控机制，加强对金融市场的监测和分析，及时发现并处置潜在风险，维护金融市场的稳定和安全。

六、营造县域数字文化氛围

数字文化氛围是发展县域数字经济的“软实力”，营造良好的发展氛围，可以显著提高公众对数字经济的接受度和参与度、带动县域创新创业、推动传统产业转型升级，在优化社会资源配置、推动社会创新和治理现代化等方面发挥着重要作用。具体来讲，各县域可以从以下几个角度出发营造良好的数字经济文化氛围。

（1）普及数字经济知识。

首先，各县域要加大对公众的数字经济教育培训力度，可以在学校和职业教育机构中增设数字经济相关课程，提高学生和从业人员的知识水平，这一点同样是培养数字经济人才的重要举措；也可以举办相关讲座和会议，邀请领域内专家和企业家分享数字经济的最新动态与成功案例，提升公众对数字经济的认知和兴趣。其次，各县域要充分发挥媒体宣传的作用，可以通过电视、广播、报纸等传统媒体以及社交媒体平台广泛宣传数字经济的概念和重要性；也可以制作专题纪录片、访谈节目等内容，深入探讨数字经济的发展现状和未来趋势。

（2）鼓励创新创业。

一方面，各县域要营造数字经济创新创业的文化氛围，建立创业孵化器和加速器，为创业者提供办公空间、资金支持和专业指导等；同时，可以在县域内定期举办数字经济领域的创新创业大赛，激发创新潜力，发掘并扶持具有发展潜力的数字经济项目。另一方面，相关的政策支持必不可少，各县域政府要出台各类税收优惠政策和补贴措施，鼓励企业和个人在数字经济领域进行创新，也要简化各种手续业务，优化创业审批流程，提高办事效率，降低创业门槛。

（3）建设数字文化场所。

建设数字文化场所是加深数字经济与居民生活联系的有效方法，各县域可以在社区、乡镇统一打造数字文化中心，提供丰富数字文化体验和互动展示，提升公众参与感，加深公众对数字经济的了解；还可以在数字文化中心举办各类展览、体验活动和培训班等，营造县域数字经济文化氛围。与此同时，各地也要加强县域数字图书馆建设，增加电子书籍、音视频资源和在线课程，方便公众随时获取数字经济相关知识；通过图书馆线上平台和线下活动，推广数字阅读，培养公众的阅读习惯。

（4）塑造数字经济品牌。

首先，各地要结合自身产业现状，在县域范围内选拔一批具有代表性的数字经济企业，为这些企业提供品牌建设的专业指导和资金支持，通过宣传与推广提升企业的市场影响力和产品知名度，树立县域数字经济品牌形象。其次，各地可以设立数字经济创新奖、最佳数字服务企业等奖项，表彰与激励在数字经济领域做出突出贡献的企业和个人。最后，各地要讲好县域企业的品牌故事，通过媒体报道、公益广告等形式，广泛宣传数字经济企业和创业者的成功故事，营造积极向上的文化氛围。

（5）增强国际交流与合作。

各县域不能仅仅局限于国内市场，而是要拓宽国际视野，强化对外交流与合作。首先，各县域要积极组织县域企业与学者参加国际数字经济主题的会议和论坛，推动各级政府、企业与科研机构之间的人员互访和交流，学习国际先进经验。其次，各县域要积极举办或承办国际性的数字经济交流活动，提升县域的国际影响力，拉动相关海外投资。最后，各县域要加快建立数字经济相关的国际合作机制，与国际知名机构和企业等签署合作协议，共同开展数字经济项目研究，推动技术交流和资源共享，提升国际合作水平。

参考文献

[1] 安德森 . 长尾理论［M］. 乔江涛译 . 北京：中信出版社，2006.

[2] 蔡伯龙 . 数字经济与产业结构优化升级：来自中国城市的经验证据［J］. 科技创业月刊，2024，37（2）：56-62.

[3] 蔡跃洲，牛新星 . 中国数字经济增加值规模测算及结构分析［J］. 中国社会科学，2021（11）：4-30，204.

[4] 陈梦根，张鑫 . 中国数字经济规模测度与生产率分析［J］. 数量经济技术经济研究，2022，39（1）：3-27.

[5] 陈诗一，陈登科 . 雾霾污染、政府治理与经济高质量发展［J］. 经济研究，2018，53（2）：20-34.

[6] 陈晓红，李杨扬，宋丽洁，等 . 数字经济理论体系与研究展望［J］. 管理世界，2022，38（2）：13-16，208-224.

[7] 程莉，王伟婷 . 数字经济、城乡二元结构与农村环境治理［J］. 统计与决策，2023，39（12）：17-22.

[8] 程云洁，段鑫 . 数字普惠金融对城市经济高质量发展的影响及其传导机制研究：来自中部地区 79 个地级市的经验数据［J］. 调研世界，2022（6）：23-37.

[9] 迟明园，石雅楠 . 数字经济促进产业结构优化升级的影响机制及对策［J］. 经济纵横，2022（4）：122-128.

[10] 崔耕瑞 . 数字金融能否提升中国经济韧性［J］. 山西财经大学学报，2021，43（12）：29-41.

[11] 崔爽 . 我国现有行政村全面实现"村村通宽带"［N］. 科技日报，2021-12-31（3）.

[12] 邓金钱，刘明霞 . 数字乡村缓解农村多维相对贫困的机制研究：来

自县域层面的经验证据［J］. 管理学刊，2023，36（2）：10–24.
［13］丁可可，马正兵，王涛 . 乡村数字经济对农民收入的影响及空间异质性研究［J］. 干旱区资源与环境，2024，38（5）：90–99.
［14］丁守海，徐政 . 新格局下数字经济促进产业结构升级：机理、堵点与路径［J］. 理论学刊，2021（3）：68–76.
［15］丁志帆 . 数字经济驱动经济高质量发展的机制研究：一个理论分析框架［J］. 现代经济探讨，2020（1）：85–92.
［16］段锴丰，施建刚，吴光东，等 . 城乡融合发展的动力因素及其驱动路径［J］. 中国人口·资源与环境，2024，34（1）：150–161.
［17］方观富，许嘉怡 . 数字普惠金融促进居民就业吗：来自中国家庭跟踪调查的证据［J］. 金融经济学研究，2020，35（2）：75–86.
［18］冯伟，李嘉佳 . 企业家精神与产业升级：基于经济增长原动力的视角［J］. 外国经济与管理，2019，41（6）：29–42.
［19］干春晖，郑若谷，余典范 . 中国产业结构变迁对经济增长和波动的影响［J］. 经济研究，2011，46（5）：4–16，31.
［20］甘天琦 . 数字经济的减碳效应研究：基于要素配置的视角［J］. 华中师范大学学报（人文社会科学版），2023，62（6）：60–73.
［21］高振娟，赵景峰，张静，等 . 数字经济赋能消费升级的机制与路径选择［J］. 西南金融，2021（10）：44–54.
［22］葛和平，吴福象 . 数字经济赋能经济高质量发展：理论机制与经验证据［J］. 南京社会科学，2021（1）：24–33.
［23］公丕明 . 中国经济高质量发展的理论逻辑、测度评价与政策建议［J］. 宏观经济研究，2023（11）：4–13，95.
［24］宫丽 . 湖南省发展数字经济的优化建议［J］. 商业经济，2022（5）：2.
［25］郭峰，熊云军，石庆玲，等 . 数字经济与行政边界地区经济发展再考察：来自卫星灯光数据的证据［J］. 管理世界，2023，39（4）：16–33.
［26］郭可佳 . 数字金融驱动县域经济高质量发展的机制研究［D］. 郑州：郑州航空工业管理学院，2023.
［27］何江，闫淑敏，关娇 . 中国新型城镇化：十年研究全景图谱——

演进脉络、热点前沿与未来趋势［J］. 经济地理，2020，40（9）：70–81.
［28］何琴 . 数字经济发展赋能城乡融合发展：基于资本配置中介效应的实证研究［J］. 商业经济研究，2024（2）：119–123.
［29］何盈颖 . 中国数字经济对产业结构升级的影响研究［D］. 保定：河北大学，2021.
［30］贺健，张红梅 . 数字普惠金融对经济高质量发展的地区差异影响研究：基于系统 GMM 及门槛效应的检验［J］. 金融理论与实践，2020（7）：26–32.
［31］贺晓宇，沈坤荣 . 现代化经济体系、全要素生产率与高质量发展［J］. 上海经济研究，2018（6）：25–34.
［32］胡艳，高立鑫 . 数字经济对经济增长质量的影响研究：基于长三角市级面板数据的实证分析［J］. 价格理论与实践，2023（8）：186–189.
［33］黄梦涵，张卫国，兰秀娟 . 新型基础设施建设对经济高质量发展的影响：异质性与作用机制［J］. 经济问题探索，2023（8）：19–35.
［34］黄清，陈钧浩 . 产业结构升级、创新人员集聚与经济高质量发展［J］. 生产力研究，2023（10）：87–91.
［35］黄群慧，余泳泽，张松林 . 互联网发展与制造业生产率提升：内在机制与中国经验［J］. 中国工业经济，2019（8）：5–23.
［36］蒋长流，江成涛 . 数字普惠金融能否促进地区经济高质量发展？——基于 258 个城市的经验证据［J］. 湖南科技大学学报（社会科学版），2020，23（3）：75–84.
［37］蒋晓澜 . 数字经济对区域经济高质量发展影响研究［D］. 桂林：广西师范大学，2022.
［38］金碚 . 关于“高质量发展”的经济学研究［J］. 中国工业经济，2018（4）：5–18.
［39］金晓斌，叶超，岳文泽，等 . 新时代中国城乡融合发展：挑战与路径［J］. 自然资源学报，2024，39（1）：1–28.
［40］荆文君，孙宝文 . 数字经济促进经济高质量发展：一个理论分析框

架［J］. 经济学家，2019（2）：66–73.
［41］李桂君，田宗博，宋砚秋 . 地方政府债务对城市经济高质量发展的影响研究［J］. 中央财经大学学报，2023（1）：3–14.
［42］李金昌，史龙梅，徐蔼婷 . 高质量发展评价指标体系探讨［J］. 统计研究，2019，36（1）：4–14.
［43］李梦欣，任保平 . 新时代中国高质量发展指数的构建、测度及综合评价［J］. 中国经济报告，2019（5）：49–57.
［44］李翔，刘鸿艳 . 共同富裕视域下数字经济推进城乡融合发展的作用机制研究［J］. 商业经济研究，2024（7）：104–108.
［45］李小三，徐鸣 . 关于县域经济的理论思考［J］. 江西社会科学，2000（3）：84–89.
［46］李泽锦，刘强，姜玉英 . 数字经济促进城乡融合发展：立竿见影还是长期影响？［J］. 农村经济，2024（3）：31–43.
［47］李治国，孔维嘉，李兆哲 . 分割还是融合：数字经济如何影响中国城乡劳动力就业市场［J］. 贵州财经大学学报，2024（2）：31–40.
［48］李治国，李兆哲，孔维嘉 . 数字经济赋能高质量发展过程中的“虹吸集聚”：来自黄河中下游城市层面的经验证据［J］. 经济地理，2024，44（1）：45–56.
［49］李智，何浩淼 . 数字经济对创业活跃度的影响研究：基于省际面板数据和空间杜宾模型的实证分析［J］. 价格理论与实践，2021（9）：18.
［50］李宗显，杨千帆 . 数字经济如何影响中国经济高质量发展？［J］. 现代经济探讨，2021（7）：10–19.
［51］廖杉杉，鲁钊阳，李瑞琴 . 数字经济发展促进产业结构转型升级的实证研究［J］. 统计与决策，2024，40（2）：29–34.
［52］刘国斌，韩宇婷 . 新时代县域经济实现高质量发展的思路与对策［J］. 税务与经济，2019（6）：55–61.
［53］刘航，高菲，马品 . 数字经济驱动宏观经济治理体系完善的理论逻辑与政策实践——基于马克思社会再生产理论的分析［J］. 当代经济科学，2024，46（04）：1–13.
［54］刘军，杨渊鋆，张三峰 . 中国数字经济测度与驱动因素研究［J］. 上

海经济研究，2020（6）：81–96.
[55] 刘庆.数字乡村发展水平测度及时空演变特征研究：以河南省为例[J]. 统计与决策，2023，39（9）：85–90.
[56] 刘锐，周浩平.数字普惠金融、绿色创新与经济高质量发展[J]. 合作经济与科技，2023（7）：4–9.
[57] 刘伟，戴冰清，刘卫镇.数字金融能驱动经济高质量发展吗？——基于2011—2017年中国省级面板数据的实证分析[J]. 经济社会体制比较，2021（6）：63–75.
[58] 刘小军，张佳伟.产业结构升级对经济高质量发展影响的实证研究[J]. 吉林工商学院学报，2023，39（5）：11–19.
[59] 刘志彪，凌永辉.结构转换、全要素生产率与高质量发展[J]. 管理世界，2020，36（7）：15–29.
[60] 鲁玉秀，方行明，张安全.数字经济、空间溢出与城市经济高质量发展[J]. 经济经纬，2021，38（6）：21–31.
[61] 吕宏军，侯娜娜.数字经济、产业链现代化与经济高质量发展：作用机理和实施路径[J]. 西安财经大学学报，2024，37（1）：94–104.
[62] 罗茜，王军，朱杰.数字经济发展对实体经济的影响研究[J]. 当代经济管理，2022，44（7）：72–80.
[63] 骆香茹.数字经济不等于虚拟经济[N]. 科技日报，2022-11-29（2）.
[64] 孟维福，郭正燕.数字经济、劳动力配置与经济高质量发展[J]. 江汉论坛，2024（1）：26–36.
[65] 莫龙炯，葛立宇，吴梓林.数字经济如何赋能城市绿色发展：政府与公众多元治理的视角[J]. 西南民族大学学报（人文社会科学版），2024，45（1）：129–140.
[66] 聂昀秋，马晓君，褚元田.我国数字经济发展水平测度与驱动要素分析[J]. 东北财经大学学报，2023（1）：62–73.
[67] 潘彪，黄征学，党丽娟.县域经济高质量发展的差异化路径：基于经济—人口—资源环境三维分类框架[J]. 中国软科学，2024（1）：

110–119.
[68] 潘为华，贺正楚，潘红玉. 中国数字经济发展的时空演化和分布动态［J］. 中国软科学，2021（10）：137–147.
[69] 裴尔洁，张治栋. 数字基础设施建设对经济高质量发展的影响：基于“宽带中国”战略的准自然实验［J］. 华东经济管理，2024，38（2）：64–74.
[70] 彭国柱，周湘莲. 数据要素配置与共同富裕：基于国家级大数据综合试验区的准自然实验［J］. 经济问题探索，2024（4）：87–102.
[71] 彭十一，俞雅静，赵琪琪. 数字经济对城乡融合发展的作用机制与空间效应——基于空间杜宾模型的实证分析［J］. 世界地理研究，2024，33（07）：99–115.
[72] 任保平，何厚聪. 数字经济赋能高质量发展：理论逻辑、路径选择与政策取向［J］. 财经科学，2022（4）：61–75.
[73] 任燕燕，王文悦，王娜. 数字经济对经济高质量发展的影响［J］. 当代财经，2024，（12）：16–27.
[74] 孙铭，王茗旭. 中国数字经济发展对碳排放的影响［J］. 西安交通大学学报（社会科学版），2024，44（03）：102–114.
[75] 孙祁祥，周新发. 科技创新与经济高质量发展［J］. 北京大学学报（哲学社会科学版），2020，57（3）：140–149.
[76] 孙源序，雷娜，刘晓倩. 数字经济可以促进城乡融合发展吗？—— 来自中国268个城市的经验证据［J］. 南方金融，2023（12）：38–53.
[77] 唐平，杨德林. 数字经济提升了生态效率吗？——基于生态足迹的实证检验［J］. 西部论坛，2024，34（04）：50–65.
[78] 完世伟，汤凯. 新基建促进县域经济高质量发展的机制与路径研究［J］. 区域经济评论，2020（5）：69–75.
[79] 万晓榆，罗焱卿. 数字经济发展水平测度及其对全要素生产率的影响效应［J］. 改革，2022（1）：101–118.
[80] 王刚贞，陈梦洁. 数字普惠金融影响经济高质量发展的渠道机理与异质特征［J］. 财贸研究，2022，33（10）：45–56.
[81] 王年咏，张珂，张立娟. 数字普惠金融与经济高质量发展：来自

251 个地级市的经验证据［J］. 武汉金融，2023（7）：61–70.
［82］王胜，余娜，付锐 . 数字乡村建设：作用机理、现实挑战与实施策略［J］. 改革，2021（4）：45–59.
［83］王文姬，夏杰长 . 数字金融、居民消费与地区经济增长［J］. 求索，2023（4）：96–105.
［84］王一鸣 . 对发展县域经济的几点认识［J］. 宏观经济研究，2002（12）：11–12，28.
［85］韦东明，徐扬，顾乃华 . 数字经济驱动经济高质量发展［J］. 科研管理，2023，44（9）：10–19.
［86］魏后凯，李功，杨沫 . 东北县域人口流失的特征、原因及应对措施［J］. 社会科学战线，2022（8）：89–95.
［87］魏君英，胡润哲，陈银娥 . 数字经济发展如何影响城乡消费差距：扩大或缩小？［J］. 消费经济，2022，38（3）：40–51.
［88］魏文江，钟春平 . 金融结构优化、产业结构升级与经济高质量发展［J］. 甘肃社会科学，2021（5）：205–212.
［89］温珺，阎志军，程愚 . 数字经济与区域创新能力的提升［J］. 经济问题探索，2019（11）：112–124.
［90］习近平 . 习近平谈治国理政（第三卷）［M］. 北京：外文出版社，2020：256.
［91］鲜祖德，王天琪 . 中国数字经济核心产业规模测算与预测［J］. 统计研究，2022，39（1）：4–14.
［92］熊颖，郭守亭 . 数字经济发展对中国居民消费结构升级的空间效应与作用机制［J］. 华中农业大学学报（社会科学版），2023（1）：47–57.
［93］熊云飏，代宇杰 . 数字经济与城乡融合发展：理论机制与实证检验［J］. 干旱区资源与环境，2024，38（6）：1–10.
［94］徐逢贤，茅志冲，张其仔 . 发挥县经济在国民经济中的作用［J］. 经济研究，1992（3）：74–76.
［95］徐铭，沈洋，周鹏飞 . 数字普惠金融对经济高质量发展的影响研究［J］. 资源开发与市场，2021，37（9）：1080–1085.

[96] 徐翔，赵墨非 . 数据资本与经济增长路径 [J]. 经济研究，2020，55（10）：38–54.

[97] 许宪春，张美慧 . 中国数字经济规模测算研究：基于国际比较的视角 [J]. 中国工业经济，2020（5）：23–41.

[98] 薛秋童，封思贤 . 数字经济、居民消费与经济高质量发展 [J]. 现代经济探讨，2022（7）：26–40.

[99] 薛阳，牛子正，段淏文，等 . 数字经济、技术创新与高质量发展 [J]. 统计与决策，2023，39（21）：96–102.

[100] 闫培宾 . 数字经济赋能县域经济高质量发展的作用机理与实践路径 [J]. 商业经济，2024（3）：16–18，50.

[101] 杨碧云，魏小桃，易行健，等 . 数字经济对共享发展影响的微观经验证据：基于消费不平等的视角 [J]. 国际金融研究，2022（10）：15–25.

[102] 杨虹，王乔冉 . 数字经济对产业结构升级的影响及机制研究 [J]. 投资研究，2021，40（9）：4–14.

[103] 杨文贞 . 数字经济赋能中国城乡融合发展的制约因素与突破路径 [J]. 区域经济评论，2024（1）：69–77.

[104] 杨艳芳，詹俊岩，胡艳君 . 数字普惠金融对经济高质量发展的影响研究 [J]. 科技促进发展，2021，17（5）：838–845.

[105] 姚欣汝 . 数字经济对经济高质量发展的影响研究 [D]. 武汉：湖北大学，2022.

[106] 殷浩栋，霍鹏，汪三贵 . 农业农村数字化转型：现实表征、影响机理与推进策略 [J]. 改革，2020（12）：48–56.

[107] 于施洋，王建冬，郭巧敏 . 我国构建数据新型要素市场体系面临的挑战与对策 [J]. 电子政务，2020（3）：2–12.

[108] 张春玲，赵爽 . 数字经济：激活县域共同富裕新动能 [N]. 光明日报，2022–09–06（11）.

[109] 张杰，付奎，刘炳荣 . 数字经济如何赋能城市低碳转型：基于双重目标约束视角 [J]. 现代财经（天津财经大学学报），2022，42（8）：3–23.

[110] 张军扩，侯永志，刘培林，等 . 高质量发展的目标要求和战略路径［J］. 管理世界，2019，35（7）：1–7.
[111] 张力文 . 数字经济、产业结构升级和经济高质量发展［D］. 哈尔滨：哈尔滨工业大学，2022.
[112] 张庆君，黄玲 . 数字普惠金融、产业结构与经济高质量发展［J］. 江汉论坛，2021（10）：41–51.
[113] 张双悦 . 中国式现代化视角下的经济带建设：政策依据与路径选择［J］. 经济问题，2024（4）：7–12.
[114] 张旭，袁旭梅，魏福丽 . 县域经济高质量发展内部耦合协调水平评价与障碍因子诊断：以国家级创新型县（市）为例［J］. 统计与信息论坛，2020，35（2）：59–67.
[115] 张勋，杨桐，汪晨，等 . 数字金融发展与居民消费增长：理论与中国实践［J］. 管理世界，2020，36（11）：48–63.
[116] 张勋，杨紫，谭莹 . 数字经济、家庭分工与性别平等［J］. 经济学（季刊），2023，23（1）：125–141.
[117] 张莹 . 河南省数字经济对县域经济高质量发展的影响研究［D］. 郑州：河南工业大学，2023.
[118] 赵剑波，史丹，邓洲 . 高质量发展的内涵研究［J］. 经济与管理研究，2019，40（11）：15–31.
[119] 赵丽 . 数字普惠金融、创新驱动与经济高质量发展［J］. 统计与决策，2022，38（15）：104–107.
[120] 赵涛，张智，梁上坤 . 数字经济、创业活跃度与高质量发展：来自中国城市的经验证据［J］. 管理世界，2020，36（10）：65–76.
[121] 郑嘉琳，徐文华 . 数字经济助推我国经济高质量发展的作用机制研究：基于区域异质性视角的分析［J］. 价格理论与实践，2020（8）：148–151.
[122] 中国大数据产业观察网 . 数字经济：中国城市数字经济指数白皮书，2017［EB/OL］. http://deindex.h3c.com/cn/tres/WebUI/Deindex/pdf/release.pdf（2017–04–29）［2022–04–29］.
[123] 中国信息通信研究院 . 中国数字经济发展白皮书：2017 年［EB/

OL］. https://www.caict.ac.cn/kxyj/qwfb/bps/201804/P020170713408029202449.pdf（2017-07-14）［2022-07-14］.

［124］周超，黄乐 . 数字普惠金融对区域经济高质量发展的影响研究［J］. 价格理论与实践，2021（9）：168-172.

［125］周孟亮，王立聪 . 农村金融增量改革促进了县域经济发展吗？——基于 1137 家村镇银行数据的实证分析［J］. 中国农村观察，2023（6）：24-43.

［126］周少甫，陈亚辉 . 数字经济对经济高质量发展的影响研究：基于服务业结构升级的视角［J］. 工业技术经济，2022，41（5）：111-121.

［127］朱喜安，王慧聪 . 数字乡村赋能农民增收：效应与机制——基于县域的实证［J］. 统计与决策，2023，39（15）：136-141.

［128］祝合良，王春娟 . 数字经济引领产业高质量发展：理论、机理与路径［J］. 财经理论与实践，2020，41（5）：2-10.

［129］邹国良，刘娜娜 . 科技创新对经济高质量发展影响的空间效应：以粤港澳大湾区为例［J］. 统计与决策，2022，38（21）：122-126.

［130］ANGUS M. Development centre studies the world economy historical statistics：Historical statistics［M］. OECD publishing，2003.

［131］BOWMAN J P.The digital economy：Promise and peril in the age of networked intelligence［J］. Bowman, Joel P. “The digital economy：promise and peril in the age of networked intelligence.” (1996): 69-71.1996.

［132］CHEN S，JEFFERSON G H，ZHANG J.Structural change，productivity growth and industrial transformation in China［J］. China Economic Review，2011（1）：22.

［133］Dijk G V，Minocha S，Laing A. Consumers，channels and communication：Online and offline communication in service consumption［J］. Interacting with Computers，2007，19（1）：7-19.

［134］GLAESER E L，KERR S P，KERR W R.Entrepreneurship and urban growth：An empirical assessment with historical mines［J］. Review of Economics and Statistics，2015，97（2）：498-520.

[135] LI L，CHEN J，RAGHUNATHAN S. Informative role of recommender systems in electronic marketplaces：A boon or a bane for competing sellers [J]. MIS Quarterly，2020，44（4）：1957–1985.

[136] NOSELEIT F.Entrepreneurship，structural change，and economic growth [J]. Journal of Evolutionary Economics，2013，23（4）：735–766.

[137] SOH C，MARKUS M L，GOH K H. Electronic marketplaces and price transparency：Strategy，information technology，and success [J]. MIS Quarterly，2006，30（3）：705–723.

[138] SUTHERLAND W，JARRAHI M H. The sharing economy and digital platforms：A review and research agenda [J]. International Journal of Information Management，2018，43（12）：328–341.

后 记

本书的诞生，始于 2022 年那个被数据与田野填满的春天。时光荏苒，当这本聚焦数字经济与河南县域高质量发展的专著即将付梓之际，回望数百个日夜的伏案与跋涉，心中满是感慨与感激。

本书作为河南省高校哲学社会科学应用研究重大项目（2023-YYZD-02）“数字经济驱动河南县域高质量发展的路径研究”的重要成果，凝聚了众多人的心血与付出。特别致敬课题组的年轻力量——硕士研究生刘伟铭、李小雨、贺贺、王文豪、王楠新、林雪、杨颖、梁明达、王依然等。你们的身影定格在无数场景：为获取县域数据扒遍了 103 个县的年鉴和档案，为反复推敲评价指标争得面红耳赤，为模型的调试一周内“啃”完三本工具书……在调研途中与乡镇干部的热烈讨论、在论文反复修改时的执着较真，构成了这段旅程最生动的注脚。你们的积极参与和辛勤付出，为课题的顺利开展和本书的最终成型奠定了坚实的基础。还要感谢河南省统计局、各县发改委提供的翔实资料，以及接受电话咨询与访谈的 10 位县域企业家与基层干部。你们对“数字技术如何改变家乡”的真切叙述，让冷冰冰的数据有了温度与面孔。

研究虽竭力追求严谨，由于数字经济和县域发展的复杂性，以及我们自身研究水平的限制，仍有诸多遗憾。县域数据的碎片化与统计口径差异，迫使我们在部分章节采用折中估算；数字经济的动态性与县域发展的异质性，使得某些模型解释力可能不够。尤其在对豫西山区与豫东平原的对比分析中，我们深切感受到“一刀切”政策建议的无力——这恰也印证了县域治理的复杂魅力。

若本书能为河南县域发展提供些许参考，则心甚慰矣。然数字经济与高质量发展的交响曲刚刚奏响序章：如何让数字红利穿透“县域鸿沟”？这亟待更深入的探讨。未来研究或可引入大数据追踪县域经济脉搏，亦可对比中西部不同发展模式的深层逻辑。唯愿本书成为一块引玉之砖，唤起更多学者关注中国县域——这片承载着半数国人命运的土地。

路漫漫其修远，愿与同道者共勉。

朱丽娟

2025 年 5 月于河南郑州